大方廣佛華嚴經 讀誦

42

🪷 일러두기

1. 『독송본 한문 · 한글역 대방광불화엄경』은 실차난타가 한역(695~699)한 80권 『대방광불화엄경』의 한문 원문과 한글역을 함께 수록한 것이다. 한문에는 음사와 현토를 부기하였다.

2. 원문의 저본은 고종 2년(1865) 월정사에서 인경한 고려대장경 『대방광불화엄경』에 한암 스님이 현토(1949년)한 것을 범룡 스님이 영인 출판(1990년)한 『대방광불화엄경』이다.

3. 한문은 저본에서 누락되었거나 글자가 다르다고 판단된 부분은 저본인 고려대장경 각권의 말미에 교감되어 있는 내용을 중심으로 하고 봉은사판 『대방광불화엄경수소연의초』와 신수대장경 각주에서 밝힌 교감본을 참조하여 보입하고 수정하였다.

4. 한글 번역은 동국역경원에서 발간한 한글 『대방광불화엄경』(운허)을 중심으로 하고 『신화엄경합론』(탄허)과 『대방광불화엄경 강설』(여천무비) 그리고 최근의 여타 번역본 등을 참조하였다.

5. 저본의 원문에서 이체자의 경우 훈글이 제공하는 이체자는 그대로 살리고 훈글이 제공하지 않는 글자는 통용되는 정자로 바꾸었다. 예) 間 → 閒 / 焰 → 燄 / 宫 → 宫 / 偁 → 稱

6. 한글 번역은 독송과 사경을 위하여 정확성과 아울러 가독성을 고려하였다. 극존칭은 부처님과 불경계에 대해서만 사용하였다.

7. 독송본의 차례는 일러두기 → 본문 → 화엄경 목차 → 간행사의 순차이다.
   (법공양판에는 간행사 다음에 간행불사 동참자를 밝혀 두었다.)

8. 독송본의 한글역은 사경의 편의를 도모하기 위해 그 편집을 달리하여 『사경본 한글역 대방광불화엄경』으로 함께 간행한다. 독송본과 사경본 모두 80권 『대방광불화엄경』의 권별 목차 순으로 간행한다.

독송본 한문·한글역

대방광불화엄경 제42권
大方廣佛華嚴經 卷第四十二

27. 십정품 [3]
十定品 第二十七之三

실차난타 한역
수미해주 한글역

大方廣佛華嚴經第四十二卷變相 周

대방광불화엄경 제42권 변상도

대방광불화엄경
제42권

27. 십정품 [3]

대방광불화엄경 권제사십이
大方廣佛華嚴經　卷第四十二

십정품　제이십칠지삼
十定品　第二十七之三

불자　　운하위보살마하살　　일체중생차별
佛子야 **云何爲菩薩摩訶薩**의 **一切衆生差別**

신삼매
身三昧오

불자　보살마하살　주차삼매　득십종무소
佛子야 **菩薩摩訶薩**이 **住此三昧**에 **得十種無所**

착
著하나니라

1

대방광불화엄경 제42권

27. 십정품 [3]

"불자들이여, 무엇을 보살마하살의 일체 중생의 차별한 몸 삼매라 하는가?

불자들이여, 보살마하살이 이 삼매에 머무르면 열 가지 집착하는 바가 없음을 얻는다.

하자   위십
何者가 爲十고

소위어일체찰   무소착   어일체방   무소
所謂於一切刹에 無所著하며 於一切方에 無所

착   어일체겁   무소착   어일체중   무소
著하며 於一切劫에 無所著하며 於一切衆에 無所

착   어일체법   무소착
著하며 於一切法에 無所著하니라

어일체보살   무소착   어일체보살원   무
於一切菩薩에 無所著하며 於一切菩薩願에 無

소착   어일체삼매   무소착   어일체불
所著하며 於一切三昧에 無所著하며 於一切佛에

무소착   어일체지   무소착   시위십
無所著하며 於一切地에 無所著이니 是爲十이니라

무엇이 열인가?

이른바 일체 세계에 집착하는 바가 없고, 일체 방위에 집착하는 바가 없고, 일체 겁에 집착하는 바가 없고, 일체 중생에 집착하는 바가 없고, 일체 법에 집착하는 바가 없다.

일체 보살에 집착하는 바가 없고, 일체 보살의 원에 집착하는 바가 없고, 일체 삼매에 집착하는 바가 없고, 일체 부처님께 집착하는 바가 없고, 일체 지위에 집착하는 바가 없다. 이것이 열이다.

불자 보살마하살 어차삼매 운하입
佛子야 菩薩摩訶薩이 於此三昧에 云何入이며

운하기
云何起오

불자 보살마하살 어차삼매 내신입
佛子야 菩薩摩訶薩이 於此三昧에 內身入하야

외신기 외신입 내신기 동신입
外身起하며 外身入하야 內身起하며 同身入하야

이신기 이신입 동신기
異身起하며 異身入하야 同身起하니라

인신입 야차신기 야차신입 용신
人身入하야 夜叉身起하며 夜叉身入하야 龍身

기 용신입 아수라신기 아수라신
起하며 龍身入하야 阿脩羅身起하며 阿脩羅身

입 천신기 천신입 범왕신기 범
入하야 天身起하며 天身入하야 梵王身起하며 梵

불자들이여, 보살마하살이 이 삼매에 어떻게 들어가고 어떻게 일어나는가?

불자들이여, 보살마하살이 이 삼매에 안 몸에서 들어가 바깥 몸에서 일어나며, 바깥 몸에서 들어가 안 몸에서 일어나며, 같은 몸에서 들어가 다른 몸에서 일어나며, 다른 몸에서 들어가 같은 몸에서 일어난다.

사람의 몸에서 들어가 야차의 몸에서 일어나며, 야차의 몸에서 들어가 용의 몸에서 일어나며, 용의 몸에서 들어가 아수라의 몸에서 일어나며, 아수라의 몸에서 들어가 천신의 몸에서 일어나며, 천신의 몸에서 들어가 범왕의 몸에

왕 신 입 　　욕 계 신 기
王身入하야 欲界身起하니라

천 중 입 　　지 옥 기 　　지 옥 입 　　인 간 기
天中入하야 地獄起하며 地獄入하야 人間起하며

인 간 입 　　여 취 기
人間入하야 餘趣起하니라

천 신 입 　　일 신 기 　　일 신 입 　　천 신 기
千身入하야 一身起하며 一身入하야 千身起하며

나 유 타 신 입 　　일 신 기 　　일 신 입 　　나 유 타
那由他身入하야 一身起하며 一身入하야 那由他

신 기
身起하니라

염 부 제 중 생 중 중 입 　　서 구 타 니 중 생 중 중
閻浮提眾生眾中入하야 西瞿陀尼眾生眾中

기 　　서 구 타 니 중 생 중 중 입 　　북 구 로 중 생
起하며 西瞿陀尼眾生眾中入하야 北拘盧眾生

서 일어나며, 범왕의 몸에서 들어가 욕계의 몸에서 일어난다.

천상에서 들어가 지옥에서 일어나며, 지옥에서 들어가 인간에서 일어나며, 인간에서 들어가 다른 갈래에서 일어난다.

일천 몸에서 들어가 한 몸에서 일어나며, 한 몸에서 들어가 일천 몸에서 일어나며, 나유타 몸에서 들어가 한 몸에서 일어나며, 한 몸에서 들어가 나유타 몸에서 일어난다.

염부제 중생들 가운데서 들어가 서구타니 중생들 가운데서 일어나며, 서구타니 중생들 가운데서 들어가 북구로 중생들 가운데서 일어

중중기　　북구로중생중중입　　동비제하
衆中起하며 北拘盧衆生衆中入하야 東毗提訶

중생중중기　　동비제하중생중중입　　삼
衆生衆中起하며 東毗提訶衆生衆中入하야 三

천하중생중중기
天下衆生衆中起하나라

삼천하중생중중입　　사천하중생중중기
三天下衆生衆中入하야 四天下衆生衆中起하며

사천하중생중중입　　일체해차별중생중중
四天下衆生衆中入하야 一切海差別衆生衆中

기
起하나라

일체해차별중생중중입　　일체해신중
一切海差別衆生衆中入하야 一切海神衆

중기　　일체해신중중입　　일체해수대중
中起하며 一切海神衆中入하야 一切海水大中

나며, 북구로 중생들 가운데서 들어가 동비제하 중생들 가운데서 일어나며, 동비제하 중생들 가운데서 들어가 삼천하 중생들 가운데서 일어난다.

삼천하 중생들 가운데서 들어가 사천하 중생들 가운데서 일어나며, 사천하 중생들 가운데서 들어가 일체 바다 차별한 중생들 가운데서 일어난다.

일체 바다 차별한 중생들 가운데서 들어가 일체 바다 신중들 가운데서 일어나며, 일체 바다 신중들 가운데서 들어가 일체 바다 수대 가운데서 일어난다.

기
起하니라

일체해수대중입　　일체해지대중기　　일
一切海水大中入하야　一切海地大中起하며　一

체해지대중입　　일체해화대중기　　일체
切海地大中入하야　一切海火大中起하며　一切

해화대중입　　일체해풍대중기
海火大中入하야　一切海風大中起하니라

일체해풍대중입　　일체사대종중기　　일
一切海風大中入하야　一切四大種中起하며　一

체사대종중입　　무생법중기
切四大種中入하야　無生法中起하니라

무생법중입　　묘고산중기　　묘고산중입
無生法中入하야　妙高山中起하며　妙高山中入하야

칠보산중기
七寶山中起하니라

일체 바다 수대 가운데서 들어가 일체 바다 지대 가운데서 일어나며, 일체 바다 지대 가운데서 들어가 일체 바다 화대 가운데서 일어나며, 일체 바다 화대 가운데서 들어가 일체 바다 풍대 가운데서 일어난다.

일체 바다 풍대 가운데서 들어가 일체 사대종 가운데서 일어나며, 일체 사대종 가운데서 들어가 남이 없는 법 가운데서 일어난다.

남이 없는 법 가운데서 들어가 묘고산 가운데서 일어나며, 묘고산 가운데서 들어가 칠보산 가운데서 일어난다.

칠보산 가운데서 들어가 일체 땅의 갖가지

칠보산중입   일체지종종가색수림흑산중
七寶山中入하야 一切地種種稼穡樹林黑山中

기   일체지종종가색수림흑산중입   일
起하며 一切地種種稼穡樹林黑山中入하야 一

체묘향화보장엄중기
切妙香華寶莊嚴中起하니라

일체묘향화보장엄중입   일체사천하하방
一切妙香華寶莊嚴中入하야 一切四天下下方

상방일체중생수생중기   일체사천하하방
上方一切衆生受生中起하며 一切四天下下方

상방일체중생수생중입   소천세계중생중
上方一切衆生受生中入하야 小千世界衆生衆

중기
中起하니라

소천세계중생중중입   중천세계중생중중
小千世界衆生衆中入하야 中千世界衆生衆中

심고 거두는 나무숲 혹산 가운데서 일어나며,

일체 땅의 갖가지 심고 거두는 나무숲 혹산

가운데서 들어가 일체 묘한 향과 꽃과 보배로

장엄한 가운데서 일어난다.

일체 묘한 향과 꽃과 보배로 장엄한 가운데

서 들어가 일체 사천하의 하방과 상방의 일체

중생이 태어나는 가운데서 일어나며, 일체 사

천하의 하방과 상방의 일체 중생이 태어나는

가운데서 들어가 소천세계의 중생들 가운데서

일어난다.

소천세계의 중생들 가운데서 들어가 중천세

계의 중생들 가운데서 일어나며, 중천세계의

기 　중천세계중생중중입 　대천세계중
起하며 中千世界衆生衆中入하야 大千世界衆

생중중기
生衆中起하니라

대천세계중생중중입 　백천억나유타삼천
大千世界衆生衆中入하야 百千億那由他三千

대천세계중생중중기 　백천억나유타삼천
大千世界衆生衆中起하며 百千億那由他三千

대천세계중생중중입 　무수세계중생중중
大千世界衆生衆中入하야 無數世界衆生衆中

기
起하니라

무수세계중생중중입 　무량세계중생중중
無數世界衆生衆中入하야 無量世界衆生衆中

기 　무량세계중생중중입 　무변불찰중
起하며 無量世界衆生衆中入하야 無邊佛刹衆

중생들 가운데서 들어가 대천세계의 중생들 가운데서 일어난다.

대천세계의 중생들 가운데서 들어가 백천억 나유타 삼천대천세계의 중생들 가운데서 일어나며, 백천억 나유타 삼천대천세계의 중생들 가운데서 들어가 수없는 세계의 중생들 가운데서 일어난다.

수없는 세계의 중생들 가운데서 들어가 한량없는 세계의 중생들 가운데서 일어나며, 한량없는 세계의 중생들 가운데서 들어가 가없는 부처님 세계의 중생들 가운데서 일어난다.

가없는 부처님 세계의 중생들 가운데서 들어

생 중 중 기
生衆中起하니라

무변불찰중생중중입　　무등불찰중생중중
無邊佛刹衆生衆中入하야 無等佛刹衆生衆中

기　　　무등불찰중생중중입　　불가수세계
起하며 無等佛刹衆生衆中入하야 不可數世界

중생중중기　　불가수세계중생중중입
衆生衆中起하며 不可數世界衆生衆中入하야

불가칭세계중생중중기
不可稱世界衆生衆中起하니라

불가칭세계중생중중입　　불가사세계중생
不可稱世界衆生衆中入하야 不可思世界衆生

중중기　　불가사세계중생중중입　　불가
衆中起하며 不可思世界衆生衆中入하야 不可

량세계중생중중기　　불가량세계중생중중
量世界衆生衆中起하며 不可量世界衆生衆中

가 같음이 없는 부처님 세계의 중생들 가운데서 일어나며, 같음이 없는 부처님 세계의 중생들 가운데서 들어가 셀 수 없는 세계의 중생들 가운데서 일어나며, 셀 수 없는 세계의 중생들 가운데서 들어가 일컬을 수 없는 세계의 중생들 가운데서 일어난다.

일컬을 수 없는 세계의 중생들 가운데서 들어가 생각할 수 없는 세계의 중생들 가운데서 일어나며, 생각할 수 없는 세계의 중생들 가운데서 들어가 헤아릴 수 없는 세계의 중생들 가운데서 일어나며, 헤아릴 수 없는 세계의 중생들 가운데서 들어가 말할 수 없는 세계의

입
入_{하야} 不可說世界衆生衆中起_{하나라}

불가설세계중생중중입   불가설불가설세
不可說世界衆生衆中入_{하야} 不可說不可說世

계중생중중기   불가설불가설세계중생중
界衆生衆中起_{하며} 不可說不可說世界衆生衆

중입   잡염중생중중기
中入_{하야} 雜染衆生衆中起_{하나라}

잡염중생중중입   청정중생중중기   청
雜染衆生衆中入_{하야} 清淨衆生衆中起_{하며} 清

정중생중중입   잡염중생중중기
淨衆生衆中入_{하야} 雜染衆生衆中起_{하나라}

안처입   이처기   이처입   안처기
眼處入_{하야} 耳處起_{하며} 耳處入_{하야} 眼處起_{하며}

비처입   설처기   설처입   비처기
鼻處入_{하야} 舌處起_{하며} 舌處入_{하야} 鼻處起_{하며}

중생들 가운데서 일어난다.

말할 수 없는 세계의 중생들 가운데서 들어가 말할 수 없이 말할 수 없는 세계의 중생들 가운데서 일어나며, 말할 수 없이 말할 수 없는 세계의 중생들 가운데서 들어가 잡되고 물든 중생들 가운데서 일어난다.

잡되고 물든 중생들 가운데서 들어가 청정한 중생들 가운데서 일어나며, 청정한 중생들 가운데서 들어가 잡되고 물든 중생들 가운데서 일어난다.

눈에서 들어가 귀에서 일어나며, 귀에서 들어가 눈에서 일어나며, 코에서 들어가 혀에서

신처입   의처기   의처입   신처기
身處入하야 意處起하며 意處入하야 身處起하니라

자처입   타처기   타처입   자처기
自處入하야 他處起하며 他處入하야 自處起하니라

일미진중입   무수세계미진중기   무수
一微塵中入하야 無數世界微塵中起하며 無數

세계미진중입   일미진중기
世界微塵中入하야 一微塵中起하니라

성문입   독각기   독각입   성문기
聲聞入하야 獨覺起하며 獨覺入하야 聲聞起하니라

자신입   불신기   불신입   자신기
自身入하야 佛身起하며 佛身入하야 自身起하니라

일념입   억겁기   억겁입   일념
一念入하야 億劫起하며 億劫入하야 一念

기   동념입   별시기   별시입   동념
起하며 同念入하야 別時起하며 別時入하야 同念

일어나며, 혀에서 들어가 코에서 일어나며, 몸에서 들어가 뜻에서 일어나며, 뜻에서 들어가 몸에서 일어난다.

자기 처소에서 들어가 다른 처소에서 일어나며, 다른 처소에서 들어가 자기 처소에서 일어난다.

한 미진 가운데서 들어가 수없는 세계의 미진 가운데서 일어나며, 수없는 세계의 미진 가운데서 들어가 한 미진 가운데서 일어난다.

성문에서 들어가 독각에서 일어나며, 독각에서 들어가 성문에서 일어난다.

자기 몸에서 들어가 부처님 몸에서 일어나며, 부처님 몸에서 들어가 자기 몸에서 일어난다.

기
起하니라

전 제 입　　　후 제 기　　　후 제 입　　　전 제 기
前際入하야　後際起하며　後際入하야　前際起하며

전 제 입　　　중 제 기　　　중 제 입　　　전 제 기
前際入하야　中際起하며　中際入하야　前際起하니라

삼 세 입　　　찰 나 기　　　찰 나 입　　　삼 세 기
三世入하야　刹那起하며　刹那入하야　三世起하니라

진 여 입　　　언 설 기　　　언 설 입　　　진 여 기
眞如入하야　言說起하며　言說入하야　眞如起니라

한 순간에서 들어가 억 겁에서 일어나며, 억 겁에서 들어가 한 순간에서 일어나며, 같은 순간에서 들어가 다른 때에서 일어나며, 다른 때에서 들어가 같은 순간에서 일어난다.

앞즈음에서 들어가 뒤즈음에서 일어나며, 뒤즈음에서 들어가 앞즈음에서 일어나며, 앞즈음에서 들어가 중간즈음에서 일어나며, 중간즈음에서 들어가 앞즈음에서 일어난다.

삼세에서 들어가 찰나에서 일어나며, 찰나에서 들어가 삼세에서 일어난다.

진여에서 들어가 언설에서 일어나며, 언설에서 들어가 진여에서 일어난다.

불자　비여유인　위귀소지　기신전동
佛子야 譬如有人이 爲鬼所持에 其身戰動하야

불능자안　귀불현신　영타신연
不能自安하나니 鬼不現身호대 令他身然인달하야

보살마하살　주차삼매　역부여시　자신
菩薩摩訶薩이 住此三昧도 亦復如是하야 自身

입정타신기　타신입정자신기
入定他身起하며 他身入定自身起니라

불자　비여사시　이주력고　이능기행
佛子야 譬如死屍가 以呪力故로 而能起行하야

수소작사　개득성취　시지여주　수각
隨所作事하야 皆得成就하나니 屍之與呪가 雖各

차별　이능화합　성취피사　보살마
差別이나 而能和合하야 成就彼事인달하야 菩薩摩

하살　주차삼매　역부여시　동경입정이
訶薩이 住此三昧도 亦復如是하야 同境入定異

불자들이여, 비유하면 어떤 사람이 귀신에게 붙들리면 그 몸이 떨리어 스스로 안정할 수 없으니 귀신이 몸을 나타내지 않으나 다른 사람의 몸을 그렇게 하듯이, 보살마하살이 이 삼매에 머무르는 것도 또한 다시 이와 같아서, 자신의 몸에서 정에 들어가 다른 이의 몸에서 일어나며 다른 이의 몸에서 정에 들어가 자신의 몸에서 일어난다.

불자들이여, 비유하면 죽은 송장이 주문의 힘으로 능히 일어나 다니면서 짓는 일을 따라 모두 성취함을 얻으니 송장과 주문이 비록 각각 다르지만 능히 화합하여 그 일을 성취하듯

경기　　　이경입정동경기
境起하며 異境入定同境起니라

불자　비여비구　득심자재　혹이일신
佛子야 譬如比丘가 得心自在하야 或以一身으로

작다신　　혹이다신　　작일신　　비일신몰
作多身하며 或以多身으로 作一身호대 非一身沒하고

다신생　　비다신몰　　일신생　　보살마
多身生이며 非多身沒하고 一身生인달하야 菩薩摩

하살　주차삼매　역부여시　일신입정다
訶薩이 住此三昧도 亦復如是하야 一身入定多

신기　　다신입정일신기
身起하며 多身入定一身起니라

불자　비여대지　기미일종　소생묘가
佛子야 譬如大地가 其味一種이나 所生苗稼가

종종미별　지수무차별　연미유수이
種種味別하니 地雖無差別이나 然味有殊異인달하야

이, 보살마하살이 이 삼매에 머무르는 것도 또한 다시 이와 같아서, 같은 경계에서 정에 들어가 다른 경계에서 일어나며 다른 경계에서 정에 들어가 같은 경계에서 일어난다.

불자들이여, 비유하면 비구가 마음이 자재함을 얻어서 혹은 한 몸으로 많은 몸을 지으며 혹은 많은 몸으로 한 몸을 짓되 한 몸이 없어지지 않고 여러 몸이 생기며 여러 몸이 없어지지 않고 한 몸이 생기듯이, 보살마하살이 이 삼매에 머무르는 것도 또한 다시 이와 같아서, 한 몸으로 정에 들어가 여러 몸에서 일어나고 여러 몸으로 정에 들어가 한 몸에서 일어난다.

보살마하살 　 주차삼매 　 역부여시 　 무소
菩薩摩訶薩이 　 住此三昧도 　 亦復如是하야 　 無所

분별 　 연유일종입정다종기 　 다종입정
分別이나 　 然有一種入定多種起하며 　 多種入定

일종기
一種起니라

불자 　 보살마하살 　 주차삼매 　 득십종칭찬
佛子야 　 菩薩摩訶薩이 　 住此三昧에 　 得十種稱讚

법지소칭찬
法之所稱讚하나니라

하자 　 위십
何者가 　 爲十고

소위입진여고 　 명위여래 　 각일체법고 　 명
所謂入眞如故로 　 名爲如來며 　 覺一切法故로 　 名

불자들이여, 비유하면 대지는 그 맛이 한 종류이나 생겨나는 바 곡식은 갖가지로 맛이 다르니, 땅은 비록 차별이 없으나 맛은 다름이 있는 것과 같다. 보살마하살이 이 삼매에 머무르는 것도 또한 다시 이와 같아서, 분별하는 바가 없으나 그러나 한 가지에서 정에 들어가 여러 가지에서 일어나며 여러 가지에서 정에 들어가 한 가지에서 일어난다.

불자들이여, 보살마하살이 이 삼매에 머무름에 열 가지 칭찬하는 법의 칭찬하는 바를 얻는다.

지위불
之爲佛이니라

위일체세간 소칭찬고 명위법사 지일체
爲一切世間의 所稱讚故로 名爲法師며 知一切

법고 명일체지 위일체세간 소귀의고
法故로 名一切智며 爲一切世間의 所歸依故로

명소의처
名所依處니라

요달일체법방편고 명위도사 인일체중
了達一切法方便故로 名爲導師며 引一切衆

생 입살바야도고 명대도사 위일체세
生하야 入薩婆若道故로 名大導師며 爲一切世

간등고 명위광명
間燈故로 名爲光明이니라

심지원만 의리성취 소작개판 주무
心志圓滿하고 義利成就하고 所作皆辦하야 住無

무엇이 열인가?

이른바 진여에 들어간 까닭으로 여래라 이름하며, 일체 법을 깨달은 까닭으로 부처라 이름한다.

일체 세간이 칭찬하는 바인 까닭으로 법사라 이름하며, 일체 법을 아는 까닭으로 일체지라 이름하며, 일체 세간이 귀의하는 바인 까닭으로 의지할 곳이라 이름한다.

일체 법의 방편을 밝게 통달한 까닭으로 도사라 이름하며, 일체 중생을 인도하여 살바야의 길에 들게 하는 까닭으로 대도사라 이름하며, 일체 세간의 등불이 되는 까닭으로 광명

애지 　　　분별요지일체제법고 　　명위십력
礙智하야 分別了知一切諸法故로 名爲十力이며

자재통달일체법륜고 　　명일체견자 　　시위
自在通達一切法輪故로 名一切見者니 是爲

십
十이니라

불자 　　보살마하살 　　주차삼매 　　부득십종광
佛子야 菩薩摩訶薩이 住此三昧에 復得十種光

명조요
明照耀하나니라

하자 　　위십
何者가 爲十고

소위득일체제불광명 　　여피평등고 　　득일
所謂得一切諸佛光明하야 與彼平等故며 得一

체세계광명 　　보능엄정고 　　득일체중생광
切世界光明하야 普能嚴淨故며 得一切衆生光

이라 이름한다.

심지가 원만하고 의리를 성취하고 지을 바를 모두 판별하고 걸림 없는 지혜에 머물러서 일체 모든 법을 분별하여 밝게 아는 까닭으로 십력이라 이름하며, 일체 법륜을 자재하게 통달하는 까닭으로 일체를 보는 자라 이름한다. 이것이 열이다.

불자들이여, 보살마하살이 이 삼매에 머물러서 다시 열 가지 광명이 밝게 비춤을 얻는다.

무엇이 열인가?

이른바 일체 모든 부처님의 광명을 얻으니 그와 더불어 평등한 까닭이며, 일체 세계의

명 실왕조복고 득무량무외광명 법
明하야 悉往調伏故며 得無量無畏光明하야 法

계위장연설고
界爲場演說故니라

득무차별광명 지일체법 무종종성
得無差別光明하야 知一切法의 無種種性

고 득방편광명 어일체법이욕제 이증
故며 得方便光明하야 於一切法離欲際에 而證

입고 득진실광명 어일체법이욕제 심평
入故며 得眞實光明하야 於一切法離欲際에 心平

등고
等故니라

득변일체세간신변광명 몽불소가 항
得徧一切世間神變光明하야 蒙佛所加하야 恒

불식고 득선사유광명 도일체불자재안
不息故며 得善思惟光明하야 到一切佛自在岸

광명을 얻으니 널리 능히 깨끗하게 장엄하는 까닭이며, 일체 중생의 광명을 얻으니 모두 가서 조복하는 까닭이며, 한량없는 두려움 없는 광명을 얻으니 법계를 도량으로 삼아 연설하는 까닭이다.

차별 없는 광명을 얻으니 일체 법이 갖가지 성품이 없음을 아는 까닭이며, 방편인 광명을 얻으니 일체 법이 욕심을 떠난 경계에 증득하여 들어가는 까닭이며, 진실한 광명을 얻으니 일체 법이 욕심을 떠난 경계에 마음이 평등한 까닭이다.

일체 세간에 두루한 신통 변화의 광명을 얻으

고　　득일체법진여광명　　　어일모공중　　　선
故며 得一切法眞如光明하야 於一毛孔中에 善

설일체고　시위십
說一切故니 是爲十이니라

불자　　보살마하살　　주차삼매　　부득십종무
佛子야 菩薩摩訶薩이 住此三昧에 復得十種無

소작
所作하나니라

하자　　위십
何者가 爲十고

소위신업무소작　　　어업무소작　　　의업무
所謂身業無所作이며 語業無所作이며 意業無

소작
所作이니라

신통무소작　　　요법무성무소작　　　지업불
神通無所作이며 了法無性無所作이며 知業不

니 부처님의 가피하신 바를 받고 항상 쉬지 않

는 까닭이며, 잘 사유하는 광명을 얻으니 일체

부처님의 자재한 언덕에 이르는 까닭이며, 일

체 법이 진여인 광명을 얻으니 한 모공에서 일

체를 잘 설하는 까닭이다. 이것이 열이다.

불자들이여, 보살마하살이 이 삼매에 머무

름에 다시 열 가지 지을 바 없음을 얻는다.

무엇이 열인가?

이른바 몸의 업이 지을 바가 없고, 말의 업이

지을 바가 없고, 뜻의 업이 지을 바가 없다.

신통이 지을 바가 없고, 법이 성품 없는 줄

을 앎이 지을 바가 없고, 업이 없어지지 않는

괴무소작　　무차별지무소작　　무생기지
壞無所作이며 無差別智無所作이며 無生起智

무소작　　지법무멸무소작　　수순어문
無所作이며 知法無滅無所作이며 隨順於文호대

불괴어의　무소작　　시위십
不壞於義가 無所作이니 是爲十이니라

불자　보살마하살　주차삼매　무량경계
佛子야 菩薩摩訶薩이 住此三昧에 無量境界가

종종차별
種種差別하나니라

소위일입다기　　다입일기　　동입이기
所謂一入多起하며 多入一起하며 同入異起하며

이입동기
異入同起하나니라

줄을 앎이 지을 바가 없고, 차별 없는 지혜가
지을 바가 없고, 일어남이 없는 지혜가 지을
바가 없고, 법이 멸하지 않는 줄을 앎이 지을
바가 없고, 글을 따르되 뜻을 무너뜨리지 않음
이 지을 바가 없다. 이것이 열이다.

불자들이여, 보살마하살이 이 삼매에 머무
름에 한량없는 경계가 갖가지로 차별하다.
이른바 하나에서 들어가 많은 데서 일어나
고, 많은 데서 들어가 하나에서 일어나며, 같
은 데서 들어가 다른 데서 일어나고, 다른 데
서 들어가 같은 데서 일어난다.

세입추기　　추입세기　　대입소기　　소입
細入麤起하며　**麤入細起**하며　**大入小起**하며　**小入**

대기
大起하니라

순입역기　　역입순기　　무신입유신기
順入逆起하며　**逆入順起**하며　**無身入有身起**하며

유신입무신기
有身入無身起하니라

무상입유상기　　유상입무상기　　기중입
無相入有相起하며　**有相入無相起**하며　**起中入**

입중기
入中起니라

여시　개시차지삼매　자재경계
如是가　**皆是此之三昧**의　**自在境界**니라

미세한 데서 들어가 굵은 데서 일어나고, 굵은 데서 들어가 미세한 데서 일어나며, 큰 데서 들어가 작은 데서 일어나고, 작은 데서 들어가 큰 데서 일어난다.

수순한 데서 들어가 거슬린 데서 일어나고, 거슬린 데서 들어가 수순한 데서 일어나며, 몸이 없는 데서 들어가 몸이 있는 데서 일어나고, 몸이 있는 데서 들어가 몸이 없는 데서 일어난다.

모양이 없는 데서 들어가 모양이 있는 데서 일어나고, 모양이 있는 데서 들어가 모양이 없는 데서 일어나며, 일어나는 중에서 들어가 들어가는 중에서 일어난다.

불자　　비여환사　　지주득성　　능현종종차
佛子야 譬如幻師가 持呪得成에 能現種種差

별형상　　　주여환별　　　이능작환　　　주유
別形相하나니 呪與幻別호대 而能作幻하며 呪唯

시성　　　　이능환작안식소지종종제색　　이
是聲이로대 而能幻作眼識所知種種諸色과 耳

식소지종종제성　　비식소지종종제향　　설
識所知種種諸聲과 鼻識所知種種諸香과 舌

식소지종종제미　　신식소지종종제촉　　의
識所知種種諸味와 身識所知種種諸觸과 意

식소지종종경계　　　　보살마하살　　주차
識所知種種境界인달하야 菩薩摩訶薩이 住此

삼매　　역부여시　　동중입정이중기　　　이
三昧도 亦復如是하야 同中入定異中起하며 異

중입정동중기
中入定同中起니라

이와 같은 것이 모두 이 삼매의 자재한 경계
이다.

불자들이여, 비유하면 마술사가 주문을 외워
성취하면 갖가지 차별한 형상을 능히 나타내
니, 주문과 환술이 다르지만 능히 환술을 지
으며, 주문은 오직 소리뿐이지만 능히 안식으
로 아는 바 갖가지 모든 색과, 이식으로 아는
바 갖가지 모든 소리와, 비식으로 아는 바 갖
가지 모든 향기와, 설식으로 아는 바 갖가지
모든 맛과, 신식으로 아는 바 갖가지 모든 촉
감과, 의식으로 아는 바 갖가지 경계를 환술

불자　비여삼십삼천　공아수라투전지시
佛子야 譬如三十三天이 共阿脩羅鬪戰之時에

제천　득승　수라　퇴육　아수라왕　기
諸天이 得勝하고 脩羅가 退衄에 阿脩羅王이 其

신장대　칠백유순　사병위요　무수천
身長大가 七百由旬이며 四兵圍遶가 無數千

만　이환술력　장제군중　동시주입
萬이로대 以幻術力으로 將諸軍衆하고 同時走入

우사공중　보살마하살　역부여시
藕絲孔中인달하야 菩薩摩訶薩도 亦復如是하야

이선성취제환지지　환지　즉시보살
已善成就諸幻智地일새 幻智가 卽是菩薩이요

보살　즉시환지　시고　능어무차별법중입
菩薩이 卽是幻智라 是故로 能於無差別法中入

정　차별법중기　차별법중입정　무차
定하야 差別法中起하며 差別法中入定하야 無差

로 만들듯이, 보살마하살이 이 삼매에 머무르는 것도 또한 다시 이와 같아서, 같은 데서 정에 들어가 다른 데서 일어나고 다른 데서 정에 들어가 같은 데서 일어난다.

불자들이여, 비유하면 삼십삼천이 아수라와 함께 싸울 때에 모든 천신이 승리하고 아수라가 패하니, 아수라왕은 그 몸의 장대함이 칠백 유순이며 네 가지 군대가 둘러싼 것이 수없는 천만이지만 환술의 힘으로 모든 군사들을 거느리고 동시에 달아나다가 연뿌리의 실구멍 속으로 들어가듯이, 보살마하살도 또한 다시 이와 같아서, 이미 모든 환술 같은 지혜

별법중기
別法中起니라

불자　비여농부　전중하종　종자재하　　과
佛子야 **譬如農夫**가 **田中下種**에 **種子在下**요 **果**

생어상　　　　보살마하살　주차삼매　역부
生於上인달하야 **菩薩摩訶薩**이 **住此三昧**도 **亦復**

여시　　　일중입정다중기　　다중입정일중
如是하야 **一中入定多中起**하며 **多中入定一中**

기
起니라

불자　비여남녀　적백　화합　혹유중생
佛子야 **譬如男女**의 **赤白**이 **和合**에 **或有衆生**이

어중수생　　이시　명위가라라위　종차차
於中受生하면 **爾時**에 **名爲歌羅邏位**라 **從此次**

제주모태중　만족시월　선업력고　일체
第住母胎中하야 **滿足十月**에 **善業力故**로 **一切**

의 지위를 잘 성취하였으므로 환술 같은 지혜가 곧 보살이고 보살이 곧 환술 같은 지혜이다. 그러므로 능히 차별 없는 법 가운데서 정에 들어가 차별한 법에서 일어나고, 차별한 법에서 정에 들어가 차별 없는 법에서 일어난다.

불자들이여, 비유하면 농부들이 밭에 씨앗을 심으면 씨앗은 밑에 있고 열매는 위에서 열리듯이, 보살마하살이 이 삼매에 머무르는 것도 또한 다시 이와 같아서, 하나에서 정에 들어가 많은 데서 일어나고 많은 데서 정에 들어가 하나에서 일어난다.

불자들이여, 비유하면 남녀의 붉은 것과 흰

지분 개득성취 제근불결 심의명료
肢分이 皆得成就하야 諸根不缺하며 心意明了하나니

기가라라 여피육근 체상각별 이업
其歌羅邏가 與彼六根으로 體狀各別호대 以業

력고 이능령피 차제성취 수동이류
力故로 而能令彼로 次第成就하야 受同異類의

종종과보
種種果報인달하니라

보살마하살 역부여시 종일체지가라라
菩薩摩訶薩도 亦復如是하야 從一切智歌羅邏

위 신해원력 점차증장 기심광대
位로 信解願力이 漸次增長하야 其心廣大하야

임운자재 무중입정유중기 유중입정
任運自在일새 無中入定有中起하며 有中入定

무중기
無中起니라

것이 화합하여 혹 어떤 중생이 그 가운데 태에 들면, 그때에 가라라의 지위라고 이름하며, 이로부터 차례로 모태 중에 머물러 열 달이 차면 선한 업의 힘으로 일체 팔다리가 모두 이루어져서 모든 근이 결함이 없고 마음과 의식이 분명하여지니, 그 가라라와 그 여섯 근은 자체와 형상이 각각 다르지만, 업의 힘으로 능히 그로 하여금 차례로 이루어져 같고 다른 종류의 갖가지 과보를 받게 함과 같다.

보살마하살도 또한 다시 이와 같아서, 일체 지혜의 가라라 지위로부터 믿고 이해하고 원하는 힘이 점차 증장하여 그 마음이 광대하고

불자　비여용궁　　의지이립　　불의허공
佛子야 譬如龍宮이 依地而立이요 不依虛空이며

용의궁주　　역불재공　　이능흥운　　변만
龍依宮住요 亦不在空이로대 而能興雲하야 徧滿

공중　　유인　앙시　소견궁전　당지개시
空中이어든 有人이 仰視에 所見宮殿이 當知皆是

건달바성　　비시용궁
乾闥婆城이요 非是龍宮이니라

불자　용수처하　이운포상　　보살마하
佛子야 龍雖處下나 而雲布上인달하야 菩薩摩訶

살　주차삼매　역부여시　어무상입유상
薩이 住此三昧도 亦復如是하야 於無相入有相

기　어유상입무상기
起하며 於有相入無相起니라

불자　비여묘광대범천왕　소주지궁　명일
佛子야 譬如妙光大梵天王의 所住之宮이 名一

뜻대로 자재하여, 없는 데서 정에 들어가 있는 데서 일어나고 있는 데서 정에 들어가 없는 데서 일어난다.

불자들이여, 비유하면 용궁이 땅을 의지하여 있고 허공을 의지하지 않으며 용은 용궁을 의지하여 머무르고 또한 허공에 있지 않으나, 능히 구름을 일으켜 공중에 두루 가득하면, 어떤 사람이 우러러봄에 보이는 궁전이 모두 건달바 성이고 용궁이 아님을 마땅히 알아야 한다.

불자들이여, 용은 비록 아래에 있으나 구름은 위에 펴져 있는 것처럼, 보살마하살이 이 삼매에 머무르는 것도 또한 다시 이와 같아서,

체세간최승청정장　　차대궁중　　보견삼천
切世間最勝清淨藏이라 此大宮中에 普見三千

대천세계제사천하　천궁　용궁　야차궁　건
大千世界諸四天下와 天宮과 龍宮과 夜叉宮과 乾

달바궁　아수라궁　가루라궁　긴나라궁　마
闥婆宮과 阿脩羅宮과 迦樓羅宮과 緊那羅宮과 摩

후라가궁　인간주처　급삼악도　수미산등
睺羅伽宮과 人間住處와 及三惡道와 須彌山等

종종제산　대해강하　피택천원　성읍취락
種種諸山과 大海江河와 陂澤泉源과 城邑聚落과

수림중보　여시일체종종장엄　진대윤위
樹林衆寶의 如是一切種種莊嚴과 盡大輪圍의

소유변제　내지공중미세유진　막불개어
所有邊際와 乃至空中微細遊塵이 莫不皆於

범궁현현　여어명경　견기면상　　　보
梵宮顯現호미 如於明鏡에 見其面像인달하야 菩

모양이 없는 데서 들어가 모양이 있는 데서 일어나고 모양이 있는 데서 들어가 모양이 없는 데서 일어난다.

불자들이여, 비유하면 묘광대범천왕이 머무르는 궁전의 이름이 일체 세간에서 가장 수승한 청정장이라, 이 큰 궁전 가운데 삼천대천세계의 모든 사천하와 천궁과 용궁과 야차궁전과 건달바궁전과 아수라궁전과 가루라궁전과 긴나라궁전과 마후라가궁전과 인간이 머무르는 곳과 삼악도와 수미산 등 갖가지 모든 산과 큰 바다와 강과 하천과 못과 샘물과 성읍과 마을과 나무와 숲과 온갖 보배의 이와 같

살마하살 　　주차일체중생차별신대삼매
薩摩訶薩도 住此一切衆生差別身大三昧에

지종종찰 　　견종종불 　　도종종중 　　증종
知種種刹하며 見種種佛하며 度種種衆하며 證種

종법 　　성종종행 　　만종종해 　　입종종삼
種法하며 成種種行하며 滿種種解하며 入種種三

매 　　기종종신통 　　득종종지혜 　　주종종
昧하며 起種種神通하며 得種種智慧하며 住種種

찰나제
刹那際니라

은 일체 갖가지 장엄과 온 대윤위산의 있는 바 끝 경계와 내지 공중에 미세하게 날리는 티끌까지 모두 범궁에 나타나지 않음이 없음을 널리 보는 것이, 마치 밝은 거울에서 그 얼굴을 보는 것과 같다.

보살마하살도 이 일체 중생의 차별한 몸 큰 삼매에 머무르면 갖가지 세계를 알고, 갖가지 부처님을 친견하고, 갖가지 중생들을 제도하고, 갖가지 법을 증득하고, 갖가지 행을 이루고, 갖가지 이해를 만족하고, 갖가지 삼매에 들어가고, 갖가지 신통을 일으키고, 갖가지 지혜를 얻고, 갖가지 찰나의 경계에 머무른다.

불자 차보살마하살 도십종신통피안
佛子야 此菩薩摩訶薩이 到十種神通彼岸하나니라

하자 위십
何者가 爲十고

소위도제불진허공변법계신통피안 　　도보
所謂到諸佛盡虛空徧法界神通彼岸하며 　到菩

살구경무차별자재신통피안
薩究竟無差別自在神通彼岸하니라

도능발기보살광대행원 　　입여래문불사신
到能發起菩薩廣大行願하야 　入如來門佛事神

통피안 　　도능진동일체세계 　　일체경계
通彼岸하며 　到能震動一切世界하야 　一切境界를

실령청정신통피안
悉令淸淨神通彼岸하니라

도능자재지일체중생 　　부사의업과 　　개여
到能自在知一切衆生의 　不思議業果가 　皆如

불자들이여, 이 보살마하살이 열 가지 신통의 피안에 이른다.

무엇이 열인가?

이른바 모든 부처님의 온 허공과 법계에 두루한 신통의 피안에 이르며, 보살의 끝까지 차별 없는 자재한 신통의 피안에 이른다.

보살의 광대한 행원을 능히 일으켜서 여래의 문에 들어가 불사하는 신통의 피안에 이르며, 일체 세계를 능히 진동하여 일체 경계를 다 청정케 하는 신통의 피안에 이른다.

일체 중생의 부사의한 업과 과보가 다 환화와 같은 줄을 능히 자재하게 아는 신통의 피

환화신통피안　　도능자재지제삼매　추세
幻化神通彼岸하며 到能自在知諸三昧의 麁細

입출차별상신통피안
入出差別相神通彼岸하니라

도능용맹입여래경계　　이어기중　발생대
到能勇猛入如來境界하야 而於其中에 發生大

원신통피안　　도능화작불화　　전법륜조
願神通彼岸하며 到能化作佛化하야 轉法輪調

복중생　　영생불종　　영입불승　　속득성
伏衆生하야 令生佛種하고 令入佛乘하야 速得成

취신통피안
就神通彼岸하니라

도능요지불가설일체비밀문구　　이전법
到能了知不可說一切祕密文句하야 而轉法

륜　　영백천억나유타불가설불가설법문
輪하야 令百千億那由他不可說不可說法門으로

안에 이르며, 모든 삼매의 거칠고 미세함과 들어가고 나오는 차별한 모양을 능히 자재하게 아는 신통의 피안에 이른다.

능히 용맹하게 여래의 경계에 들어가 그 가운데서 대원을 내는 신통의 피안에 이르며, 능히 부처님의 변화를 변화하여 짓고 법륜을 굴리어 중생을 조복시켜서 부처님의 종자를 내게 하고 불승에 들게 하여 빠르게 성취하는 신통의 피안에 이른다.

말할 수 없는 일체 비밀한 문구를 능히 밝게 알고 법륜을 굴려서 백천억 나유타 말할 수 없이 말할 수 없는 법문으로 하여금 모두 청

개득청정신통피안　　도불가주야연월겁
皆得淸淨神通彼岸하며 到不假晝夜年月劫

수　　　일념　실능삼세시현신통피안　　시
數하고 一念에 悉能三世示現神通彼岸이니 是

위십
爲十이니라

불자　시명보살마하살　제팔일체중생차
佛子야 是名菩薩摩訶薩의 第八一切衆生差

별신대삼매선교지
別身大三昧善巧智니라

불자　운하위보살마하살　법계자재삼매
佛子야 云何爲菩薩摩訶薩의 法界自在三昧오

정하게 하는 신통의 피안에 이르며, 낮과 밤과 해와 달과 겁의 수를 빌리지 않고 한 생각에 능히 삼세를 모두 나타내 보이는 신통의 피안에 이른다. 이것이 열이다.

불자들이여, 이 이름이 보살마하살의 여덟째 '일체 중생의 차별한 몸 큰 삼매의 선교 지혜'이다.

불자들이여, 무엇을 보살마하살의 법계에 자재한 삼매라 하는가?

불자들이여, 이 보살마하살이 자기의 눈과

불자 차보살마하살 어자안처 내지의처
佛子야 此菩薩摩訶薩이 於自眼處와 乃至意處에

입삼매 명법계자재 보살 어자신일일모
入三昧가 名法界自在니 菩薩이 於自身一一毛

공중 입차삼매
孔中에 入此三昧하니라

자연능지제세간 지제세간법 지제세
自然能知諸世間하며 知諸世間法하며 知諸世

계 지억나유타세계 지아승지세계
界하며 知億那由他世界하며 知阿僧祇世界하며

지불가설불찰미진수세계
知不可說佛刹微塵數世界하니라

견일체세계중 유불출흥 보살중회
見一切世界中에 有佛出興이어든 菩薩衆會가

내지 뜻에서 삼매에 들어가는 것이 이름이 '법계에 자재함'이니, 보살이 자신의 낱낱 모공 속에서 이 삼매에 든다.

자연히 모든 세간을 능히 알며, 모든 세간의 법을 알며, 모든 세계를 알며, 억 나유타 세계를 알며, 아승지 세계를 알며, 말할 수 없는 부처님 세계의 미진수 세계를 안다.

일체 세계 가운데 어떤 부처님께서 출현하시면 보살 대중모임이 모두 다 가득하며, 광명이 청정하여 순일하게 훌륭하고 잡됨이 없으며, 광대하게 장엄하여 갖가지 온갖 보배로 장식

실개충만 광명청정 순선무잡 광대
悉皆充滿하며 光明淸淨하며 淳善無雜하며 廣大

장엄 종종중보 이위엄식
莊嚴하야 種種衆寶로 以爲嚴飾하니라

보살 어피 혹일겁 백겁 천겁 억겁
菩薩이 於彼에 或一劫과 百劫과 千劫과 億劫과

백천억나유타겁 무수겁 무량겁 무변
百千億那由他劫과 無數劫과 無量劫과 無邊

겁 무등겁 불가수겁 불가칭겁 불가사
劫과 無等劫과 不可數劫과 不可稱劫과 不可思

겁 불가량겁 불가설겁 불가설불가설
劫과 不可量劫과 不可說劫과 不可說不可說

겁 불가설불가설불찰미진수겁 수보살
劫과 不可說不可說佛刹微塵數劫을 修菩薩

행 상불휴식
行호대 常不休息하니라

한 것을 본다.

보살이 그곳에서 혹은 한 겁과, 백 겁과, 천 겁과, 억 겁과, 백천억 나유타 겁과, 수없는 겁과, 한량없는 겁과, 가없는 겁과, 같음이 없는 겁과, 셀 수 없는 겁과, 일컬을 수 없는 겁과, 생각할 수 없는 겁과, 헤아릴 수 없는 겁과, 말할 수 없는 겁과, 말할 수 없이 말할 수 없는 겁과, 말할 수 없이 말할 수 없는 부처님 세계의 미진수 겁 동안, 보살의 행을 닦되 항상 쉬지 아니한다.

또 이와 같이 한량없는 겁 가운데 이 삼매에 머물러 또한 들어가기도 하며, 또한 일어나

우어여시무량겁중　　주차삼매　　역입역
又於如是無量劫中에 住此三昧하야 亦入亦

기　　역성취세계　　역조복중생　　역변료
起하며 亦成就世界하며 亦調伏衆生하며 亦徧了

법계　　역보지삼세　　역연설제법　　역현
法界하며 亦普知三世하며 亦演說諸法하며 亦現

대신통종종방편　　무착무애
大神通種種方便호대 無著無礙하나라

이어법계　　득자재고　　선분별안　　선분별
以於法界에 得自在故로 善分別眼하며 善分別

이　　선분별비　　선분별설　　선분별신
耳하며 善分別鼻하며 善分別舌하며 善分別身하며

선분별의　　여시종종차별부동　　실선분
善分別意하야 如是種種差別不同을 悉善分

별　　진기변제
別하야 盡其邊際하나니라

기도 하며, 또한 세계를 성취하기도 하며, 또한 중생을 조복하기도 하며, 또한 법계를 두루 알기도 하며, 또한 삼세를 널리 알기도 하며, 또한 모든 법을 연설하기도 하며, 또한 큰 신통으로 갖가지 방편을 나타내기도 하되, 집착함도 없고 걸림도 없다.

법계에서 자재함을 얻은 까닭으로 눈을 잘 분별하며, 귀를 잘 분별하며, 코를 잘 분별하며, 혀를 잘 분별하며, 몸을 잘 분별하며, 뜻을 잘 분별하여, 이와 같이 갖가지 차별하고 같지 아니함을 모두 잘 분별하여 그 끝닿은 데까지를 다한다.

보살 　 여시선지견이 　 능생기십천억다라
菩薩이 如是善知見已에 能生起十千億陀羅

니법광명 　 성취십천억청정행 　 획득
尼法光明하며 成就十千億淸淨行하며 獲得

십천억제근 　 원만십천억신통 　 능입
十千億諸根하며 圓滿十千億神通하며 能入

십천억삼매
十千億三昧하니라

성취십천억신력 　 장양십천억제력 　 원
成就十千億神力하며 長養十千億諸力하며 圓

만십천억심심 　 운동십천억력지 　 시현
滿十千億深心하며 運動十千億力持하며 示現

십천억신변
十千億神變하니라

구족십천억보살무애 　 원만십천억보살조
具足十千億菩薩無礙하며 圓滿十千億菩薩助

보살이 이와 같이 잘 알고 보고는 능히 십천억 다라니법의 광명을 내며, 십천억 청정한 행을 성취하며, 십천억 모든 근을 얻으며, 십천억 신통을 원만히 하며, 능히 십천억 삼매에 들어간다.

십천억 위신력을 성취하며, 십천억 모든 힘을 기르며, 십천억 깊은 마음을 원만히 하며, 십천억 힘으로 지님을 움직이며, 십천억 신통 변화를 나타내 보인다.

십천억 보살들의 걸림 없음을 구족하며, 십천억 보살들의 도를 돕는 일을 원만히 하며, 십천억 보살들의 창고를 모으며, 십천억 보살

도　　적집십천억보살장　　조명십천억보
道하며 積集十千億菩薩藏하며 照明十千億菩

살방편　　연설십천억제의
薩方便하며 演說十千億諸義하나라

성취십천억제원　　출생십천억회향　　정
成就十千億諸願하며 出生十千億迴向하며 淨

치십천억보살정위　　명료십천억법문
治十千億菩薩正位하며 明了十千億法門하며

개시십천억연설　　수치십천억보살청정
開示十千億演說하며 修治十千億菩薩淸淨이니라

불자　차보살마하살　부유무수공덕　무량
佛子야 此菩薩摩訶薩이 復有無數功德과 無量

공덕　무변공덕　무등공덕　불가수공덕
功德과 無邊功德과 無等功德과 不可數功德과

불가칭공덕　불가사공덕　불가량공덕　불
不可稱功德과 不可思功德과 不可量功德과 不

들의 방편을 밝게 비추며, 십천억 모든 이치를 연설한다.

십천억 모든 원을 성취하며, 십천억 회향을 출생하며, 십천억 보살들의 바른 지위를 깨끗이 다스리며, 십천억 법문을 밝게 알며, 십천억 연설을 열어 보이며, 십천억 보살들의 청정함을 닦아 다스린다.

불자들이여, 이 보살마하살들이 다시 수없는 공덕과, 한량없는 공덕과, 가없는 공덕과, 같음이 없는 공덕과, 셀 수 없는 공덕과, 일컬을 수 없는 공덕과, 생각할 수 없는 공덕과, 헤아릴 수 없는 공덕과, 말할 수 없는 공덕과, 다

가설공덕　무진공덕
可說功德과 無盡功德하니라

불자　차보살　어여시공덕　개이판구　개
佛子야 此菩薩이 於如是功德에 皆已辨具며 皆

이적집　개이장엄　개이청정　개이영
已積集이며 皆已莊嚴이며 皆已淸淨이며 皆已瑩

철　개이섭수　개능출생　개가칭탄
徹이며 皆已攝受며 皆能出生이며 皆可稱歎이며

개득견고　개이성취
皆得堅固며 皆已成就니라

불자　보살마하살　주차삼매　위동방십천
佛子야 菩薩摩訶薩이 住此三昧에 爲東方十千

아승지불찰미진수명호제불지소섭수
阿僧祇佛刹微塵數名号諸佛之所攝受하며

일일명호　부유십천아승지불찰미진수불
一一名号에 復有十千阿僧祇佛刹微塵數佛이

함이 없는 공덕이 있다.

불자들이여, 이 보살이 이와 같은 공덕을 모두 이미 갖추었고, 모두 이미 모았고, 모두 이미 장엄하였고, 모두 이미 청정히 하였고, 모두 이미 밝게 통하였고, 모두 이미 거두어 주었고, 모두 능히 출생하였고, 모두 칭양 찬탄하였고, 모두 견고함을 얻었고, 모두 이미 성취하였다.

불자들이여, 보살마하살이 이 삼매에 머무름에 동방으로 십천 아승지 부처님 세계 미진수 명호의 모든 부처님께서 거두어 주시는 바가 되며, 낱낱 명호에 다시 십천 아승지 부처

각각차별
各各差別하니라

여동방　　　남서북방　　　사유상하　　　역부여
如東方하야　**南西北方**과　**四維上下**도　**亦復如**

시
是하니라

피제불　　실현기전　　　위현제불청정찰
彼諸佛이　**悉現其前**하사　**爲現諸佛清淨刹**하며

위설제불무량신　　　위설제불난사안　　　위
爲說諸佛無量身하며　**爲說諸佛難思眼**하며　**爲**

설제불무량이　　　위설제불청정비　　　위설
說諸佛無量耳하며　**爲說諸佛清淨鼻**하며　**爲說**

제불청정설　　　위설제불무주심　　　위설여
諸佛清淨舌하며　**爲說諸佛無住心**하며　**爲說如**

래무상신통
來無上神通하시니라

님 세계 미진수의 부처님이 계시어 각각 차별하다.

동방과 같아서 남방과 서방과 북방과 네 간방과 상방과 하방도 또한 다시 이와 같다.

저 모든 부처님께서 모두 그 앞에 나타나서 모든 부처님의 청정한 세계를 나타내며, 모든 부처님의 한량없는 몸을 설하며, 모든 부처님의 생각하기 어려운 눈을 설하며, 모든 부처님의 한량없는 귀를 설하며, 모든 부처님의 청정한 코를 설하며, 모든 부처님의 청정한 혀를 설하며, 모든 부처님의 머무름이 없는 마음을 설하며, 여래의 위없는 신통을 설하신다.

영수여래무상보리
令修如來無上菩提하며

영득여래청정음성
令得如來淸淨音聲하며

개시여래불퇴법륜
開示如來不退法輪하며

현시여래무변중회
顯示如來無邊衆會하며

영입여래무변비밀
令入如來無邊祕密하니라

찬탄여래일체선근
讚歎如來一切善根하며

영입여래평등지법
令入如來平等之法하며

선설여래삼세종성
宣說如來三世種性하며

시현여래무량색상
示現如來無量色相하며

천양여래호념지법
闡揚如來護念之法하니라

연창여래미묘법음
演暢如來微妙法音하며

변명일체제불세계
辯明一切諸佛世界하며

선양일체제불삼매
宣揚一切諸佛三昧하며

시현제불중회차제
示現諸佛衆會次第하며

여래의 위없는 보리를 닦게 하며, 여래의 청정한 음성을 얻게 하며, 여래의 물러나지 않는 법륜을 열어 보이며, 여래의 가없는 대중모임을 나타내 보이며, 여래의 가없는 비밀에 들어가게 하신다.

여래의 일체 선근을 찬탄하며, 여래의 평등한 법에 들게 하며, 여래의 삼세 종성을 선설하며, 여래의 한량없는 색상을 나타내 보이며, 여래의 호념하시는 법을 드러내 밝히신다.

여래의 미묘한 법음을 연설하며, 일체 모든 부처님의 세계를 밝게 분별하며, 일체 모든 부처님의 삼매를 선양하며, 모든 부처님의 대중

호 지 제 불 부 사 의 법
護持諸佛不思議法하니라

설 일 체 법　　유 여 환 화　　명 제 법 성　　무 유 동
說一切法이 猶如幻化하며 明諸法性이 無有動

전　　　개 시 일 체 무 상 법 륜　　찬 미 여 래 무 량
轉하며 開示一切無上法輪하며 讚美如來無量

공 덕　　영 입 일 체 제 삼 매 운　　영 지 기 심
功德하며 令入一切諸三昧雲하며 令知其心이

여 환 여 화　　무 변 무 진
如幻如化하야 無邊無盡이니라

불 자　보 살 마 하 살　주 차 법 계 자 재 삼 매 시
佛子야 菩薩摩訶薩이 住此法界自在三昧時에

피 시 방 각 십 천 아 승 지 불 찰 미 진 수 명 호 여 래
彼十方各十千阿僧祇佛刹微塵數名号如來가

일 일 명 중　각 유 십 천 아 승 지 불 찰 미 진 수 불
一一名中에 各有十千阿僧祇佛刹微塵數佛이

모임을 차례로 나타내 보이며, 모든 부처님의 부사의한 법을 보호하고 유지하신다.

일체 법이 마치 환화와 같음을 설하며, 모든 법의 성품이 변동하지 않음을 밝히며, 일체 위없는 법륜을 열어 보이며, 여래의 한량없는 공덕을 찬미하며, 일체 모든 삼매구름에 들어가게 하며, 그 마음이 환과 같고 변화함과 같아서 가없고 다함이 없음을 알게 하신다.

불자들이여, 보살마하살이 이 법계에 자재한 삼매에 머무를 때에, 그 시방에 각각 십천 아승지 부처님 세계의 미진수 명호의 여래가 낱낱 명호 가운데 각각 십천 아승지 부처님 세

동시호념
同時護念하시니라

영차보살 득무변신 영차보살 득무애
令此菩薩로 得無邊身하며 令此菩薩로 得無礙

심 영차보살 어일체법 득무망념 영
心하며 令此菩薩로 於一切法에 得無忘念하며 令

차보살 어일체법 득결정혜 영차보살
此菩薩로 於一切法에 得決定慧하며 令此菩薩로

전갱총민 어일체법 개능령수
轉更聰敏하야 於一切法에 皆能領受하니라

영차보살 어일체법 실능명료 영차보
令此菩薩로 於一切法에 悉能明了하며 令此菩

살 제근맹리 어신통법 실득선교
薩로 諸根猛利하야 於神通法에 悉得善巧하며

영차보살 경계무애 주행법계 항불
令此菩薩로 境界無礙하야 周行法界하야 恒不

계 미진수의 부처님이 계시어 동시에 보호하
고 염려하신다.

이 보살로 하여금 가없는 몸을 얻게 하며,
이 보살로 하여금 걸림 없는 마음을 얻게 하
며, 이 보살로 하여금 일체 법에 잊어버림이
없는 생각을 얻게 하며, 이 보살로 하여금 일
체 법에 결정한 지혜를 얻게 하며, 이 보살로
하여금 점점 더 총명하고 민첩하여 일체 법을
다 능히 받아들이게 하신다.

이 보살로 하여금 일체 법을 다 능히 분명히
알게 하며, 이 보살로 하여금 모든 근이 매우
예리하여 신통한 법에 모두 교묘함을 얻게 하

휴식　　영차보살　　득무애지　　필경청정
休息하며 令此菩薩로 得無礙智하야 畢竟淸淨하며

영차보살　　이신통력　　　일체세계　　시현성
令此菩薩로 以神通力으로 一切世界에 示現成

불
佛이니라

불자　　보살마하살　　주차삼매　　득십종
佛子야 菩薩摩訶薩이 住此三昧에 得十種

해
海하나니라

하자　　위십
何者가 爲十고

소위득제불해　　함도견고　　득중생해　　실조
所謂得諸佛海니 咸覩見故며 得衆生海니 悉調

복고　　득제법해　　능이지혜　　실료지고　　득
伏故며 得諸法海니 能以智慧로 悉了知故며 得

며, 이 보살로 하여금 경계에 걸림 없이 법계에 두루 다니면서 항상 쉬지 않게 하며, 이 보살로 하여금 걸림 없는 지혜를 얻어 필경에 청정하게 하며, 이 보살로 하여금 신통력으로 일체 세계에서 성불함을 나타내 보이게 하신다.

불자들이여, 보살마하살이 이 삼매에 머무르면 열 가지 바다를 얻는다.

무엇이 열인가?

이른바 모든 부처님바다를 얻으니 모두 보는 까닭이며, 중생바다를 얻으니 모두 조복하는 까닭이며, 모든 법바다를 얻으니 능히 지혜로다 밝게 아는 까닭이며, 모든 세계바다를 얻

제찰해　이무성무작신통　　개왕예고　득
諸刹海니 以無性無作神通으로 皆往詣故며 得

공덕해　일체수행　실원만고
功德海니 一切修行이 悉圓滿故니라

득신통해　능광시현　영개오고　득제근
得神通海니 能廣示現하야 令開悟故며 得諸根

해　종종부동　실선지고　득제심해　지일
海니 種種不同을 悉善知故며 得諸心海니 知一

체중생　종종차별무량심고　득제행해　능
切衆生의 種種差別無量心故며 得諸行海니 能

이원력　실원만고　득제원해　실사성
以願力으로 悉圓滿故며 得諸願海니 悉使成

취　영청정고
就하야 永淸淨故니라

불자　보살마하살　득여시십종해이　부득
佛子야 菩薩摩訶薩이 得如是十種海已에 復得

으니 성품도 없고 지음도 없는 신통으로 다 나아가는 까닭이며, 공덕바다를 얻으니 일체의 수행이 다 원만한 까닭이다.

신통바다를 얻으니 능히 널리 나타내 보여서 깨닫게 하는 까닭이며, 모든 근기바다를 얻으니 갖가지 같지 아니한 것을 다 잘 아는 까닭이며, 모든 마음바다를 얻으니 일체 중생의 갖가지로 차별한 한량없는 마음을 아는 까닭이며, 모든 행바다를 얻으니 능히 원력으로 다 원만한 까닭이며, 모든 서원바다를 얻으니 다 성취하여 길이 청정케 하는 까닭이다.

불자들이여, 보살마하살이 이와 같은 열 가

십종수승
十種殊勝하나니라

하등 위십
何等이 **爲十**고

일자 어일체중생중 최위제일 이자
一者는 **於一切衆生中**에 **最爲第一**이요 **二者**는

어일체제천중 최위수특 삼자 어일체
於一切諸天中에 **最爲殊特**이요 **三者**는 **於一切**

범왕중 최극자재 사자 어제세간 무소
梵王中에 **最極自在**요 **四者**는 **於諸世間**에 **無所**

염착 오자 일체세간 무능영폐
染著이요 **五者**는 **一切世間**이 **無能映蔽**요

육자 일체제마 불능혹란 칠자 보입
六者는 **一切諸魔**가 **不能惑亂**이요 **七者**는 **普入**

제취 무소가애 팔자 처처수생 지불
諸趣호대 **無所罣礙**요 **八者**는 **處處受生**이 **知不**

지 바다를 얻고는 다시 열 가지 수승함을 얻는다.

어떤 것이 열인가?

하나는 일체 중생 가운데 가장 제일이고, 둘은 일체 모든 하늘 가운데 가장 특수하고, 셋은 일체 범왕 가운데 가장 극히 자재하고, 넷은 모든 세간에 물들어 집착하는 바가 없고, 다섯은 일체 세간이 덮어 가릴 수 없다.

여섯은 일체 모든 마군이 능히 미혹하게 하지 못하고, 일곱은 모든 갈래에 널리 들어가되 걸리는 바가 없고, 여덟은 곳곳마다 태어나는 것이 견고하지 못함을 알고, 아홉은 일체 불법

견고　　구자　　일체불법　　개득자재　　십자
堅固요 **九者**는 **一切佛法**에 **皆得自在**요 **十者**는

일체신통　　실능시현
一切神通을 **悉能示現**이니라

불자　　보살마하살　　득여시십종수승이
佛子야 **菩薩摩訶薩**이 **得如是十種殊勝已**하야는

부득십종력　　어중생계　　수습제행
復得十種力하야 **於眾生界**에 **修習諸行**하나니라

하등　　위십
何等이 **爲十**고

일　위용건력　　조복세간고　이　위정진
一은 **謂勇健力**이니 **調伏世閒故**요 **二**는 **謂精進**

력　　항불퇴전고　삼　위무착력　　이제구
力이니 **恒不退轉故**요 **三**은 **謂無著力**이니 **離諸垢**

염고
染故요

에 모두 자재함을 얻고, 열은 일체 신통을 모두 능히 나타내 보인다.

불자들이여, 보살마하살이 이와 같은 열 가지 수승함을 얻고는 다시 열 가지 힘을 얻어 중생 세계에서 모든 행을 닦아 익힌다.

어떤 것이 열인가?

하나는 용맹한 힘이니 세간을 조복시키는 까닭이며, 둘은 정진하는 힘이니 항상 물러나지 않는 까닭이며, 셋은 집착이 없는 힘이니 모든 때를 여읜 까닭이다.

넷은 적정한 힘이니 일체 법에 다툼이 없는 까닭이며, 다섯은 거스르고 따르는 힘이니 일체 법

사　위적정력　　어일체법　무쟁론고　오
四는 謂寂靜力이니 於一切法에 無諍論故요 五는

위역순력　　어일체법　심자재고　육　위
謂逆順力이니 於一切法에 心自在故요 六은 謂

법성력　　어제의중　득자재고　칠　위무
法性力이니 於諸義中에 得自在故요 七은 謂無

애력　지혜광대고
礙力이니 智慧廣大故요

팔　위무외력　　능설제법고　구　위변재력
八은 謂無畏力이니 能說諸法故요 九는 謂辯才力이니

능지제법고　십　위개시력　지혜무변고
能持諸法故요 十은 謂開示力이니 智慧無邊故라

불자　차십종력　시광대력　최승력　무
佛子야 此十種力이 是廣大力이며 最勝力이며 無

능최복력　무량력　선집력　부동력
能摧伏力이며 無量力이며 善集力이며 不動力이며

에 마음이 자재한 까닭이며, 여섯은 법성의 힘이니 모든 이치 가운데 자재함을 얻는 까닭이며, 일곱은 걸림 없는 힘이니 지혜가 광대한 까닭이다.

여덟은 두려움이 없는 힘이니 능히 모든 법을 설하는 까닭이며, 아홉은 변재의 힘이니 모든 법을 능히 지니는 까닭이며, 열은 열어 보이는 힘이니 지혜가 가없는 까닭이다.

불자들이여, 이 열 가지 힘은 광대한 힘이며, 가장 수승한 힘이며, 꺾을 수 없는 힘이며, 한량없는 힘이며, 잘 모으는 힘이며, 흔들리지 않는 힘이며, 견고한 힘이며, 지혜의 힘

견 고 력　　지 혜 력
堅固力이며 **智慧力**이니라

성 취 력　　승 정 력　　청 정 력　　극 청 정 력
成就力이며 **勝定力**이며 **淸淨力**이며 **極淸淨力**이며

법 신 력　　법 광 명 력　　법 등 력　　법 문 력
法身力이며 **法光明力**이며 **法燈力**이며 **法門力**이니라

무 능 괴 력　　극 용 맹 력　　대 장 부 력　　선 장
無能壞力이며 **極勇猛力**이며 **大丈夫力**이며 **善丈**

부 수 습 력　　성 정 각 력　　과 거 적 집 선 근 력
夫修習力이며 **成正覺力**이며 **過去積集善根力**이며

안 주 무 량 선 근 력　　주 여 래 력 력
安住無量善根力이며 **住如來力力**이니라

심 사 유 력　　증 장 보 살 환 희 력　　출 생 보 살
心思惟力이며 **增長菩薩歡喜力**이며 **出生菩薩**

정 신 력　　증 장 보 살 용 맹 력　　보 리 심 소 생
淨信力이며 **增長菩薩勇猛力**이며 **菩提心所生**

이다.

성취하는 힘이며, 뛰어난 선정의 힘이며, 청정한 힘이며, 지극히 청정한 힘이며, 법신의 힘이며, 법의 광명의 힘이며, 법 등불의 힘이며, 법문의 힘이다.

깨뜨릴 수 없는 힘이며, 지극히 용맹한 힘이며, 대장부의 힘이며, 훌륭한 장부의 닦아 익히는 힘이며, 바른 깨달음을 이루는 힘이며, 과거에 선근을 쌓아 모은 힘이며, 한량없는 선근에 편안히 머무르는 힘이며, 여래의 힘에 머무르는 힘이다.

마음으로 사유하는 힘이며, 보살의 환희를

력   보살청정심심력   보살수승심심력
力이며 菩薩淸淨深心力이며 菩薩殊勝深心力이며

보살선근훈습력
菩薩善根熏習力이니라

구경제법력   무장애신력   입방편선교
究竟諸法力이며 無障礙身力이며 入方便善巧

법문력   청정묘법력   안주대세   일체
法門力이며 淸淨妙法力이며 安住大勢하야 一切

세간   불능경동력   일체중생   무능영
世間이 不能傾動力이며 一切衆生이 無能映

폐력
蔽力이니라

불자   차보살마하살   어여시무량공덕법
佛子야 此菩薩摩訶薩이 於如是無量功德法에

능생   능성취   능원만   능조명   능
能生하며 能成就하며 能圓滿하며 能照明하며 能

늘게 하는 힘이며, 보살의 깨끗한 신심을 내는 힘이며, 보살의 용맹을 늘게 하는 힘이며, 보리심으로 생기는 힘이며, 보살의 청정하고 깊은 마음의 힘이며, 보살의 수승하고 깊은 마음의 힘이며, 보살의 선근으로 훈습하는 힘이다.

모든 법을 끝까지 깨닫는 힘이며, 장애가 없는 몸의 힘이며, 방편의 선교 법문에 들어가는 힘이며, 청정하고 미묘한 법의 힘이며, 큰 세력에 편안히 머물러서 일체 세간이 능히 흔들지 못하는 힘이며, 일체 중생이 덮어 가릴 수 없는 힘이다.

불자들이여, 이 보살마하살이 이와 같이 한

구족
具足하나라

능변구족   능광대   능견고   능증장
能徧具足하며 **能廣大**하며 **能堅固**하며 **能增長**하며

능정치   능변정치
能淨治하며 **能徧淨治**하나니라

차보살   공덕변제   지혜변제   수행변제
此菩薩의 **功德邊際**와 **智慧邊際**와 **修行邊際**와

법문변제   자재변제   고행변제   성취변
法門邊際와 **自在邊際**와 **苦行邊際**와 **成就邊**

제   청정변제   출리변제   법자재변제   무
際와 **淸淨邊際**와 **出離邊際**와 **法自在邊際**를 **無**

능설자
能說者니라

차보살   소획득   소성취   소취입   소현
此菩薩의 **所獲得**과 **所成就**와 **所趣入**과 **所現**

량없는 공덕의 법을 능히 내고, 능히 성취하고, 능히 원만히 하고, 능히 밝게 비추고, 능히 구족하고, 능히 두루 구족하고, 능히 광대하고, 능히 견고하고, 능히 늘게 하고, 능히 깨끗하게 다스리고, 능히 두루 깨끗하게 다스린다.

이 보살의 공덕의 끝과, 지혜의 끝과, 수행의 끝과, 법문의 끝과, 자재의 끝과, 고행의 끝과, 성취의 끝과, 청정의 끝과, 벗어남의 끝과, 법에 자재함의 끝을 능히 설할 자가 없다.

이 보살이 얻은 것과, 성취한 것과, 들어간 것과, 앞에 나타난 것과, 있는 바 경계와, 있는 바 관찰과, 있는 바 증입과, 있는 바 청정과,

전　　소유경계　　소유관찰　　소유증입　　소유
前과 所有境界와 所有觀察과 所有證入과 所有

청정　　소유요지　　소유건립　　일체법문　　어
淸淨과 所有了知와 所有建立인 一切法門을 於

불가설겁　　무능설진
不可說劫에 無能說盡이니라

불자　　보살마하살　　주차삼매　　능요지무수
佛子야 菩薩摩訶薩이 住此三昧에 能了知無數

무량무변무등불가수불가칭불가사불가량
無量無邊無等不可數不可稱不可思不可量

불가설불가설불가설일체삼매
不可說不可說不可說一切三昧하나니라

피일일삼매　　소유경계　　무량광대　　　　어
彼一一三昧의 所有境界가 無量廣大하니 於

경계중　　약입　　약기　　약주　　소유상상
境界中에 若入과 若起와 若住의 所有相狀과

밝게 아는 것과, 있는 바 건립한 일체 법문을 말할 수 없는 겁에 설하여도 다할 수 없다.

불자들이여, 보살마하살이 이 삼매에 머무르면 능히 수없고, 한량없고, 가없고, 같음이 없고, 셀 수 없고, 일컬을 수 없고, 생각할 수 없고, 헤아릴 수 없고, 말할 수 없고, 말할 수 없이 말할 수 없는 일체 삼매를 밝게 안다.

저 낱낱 삼매의 있는 바 경계가 한량없이 광대하니 경계 가운데 혹 들어감과 혹 일어남과 혹 머무름의 있는 바 형상과, 있는 바 나타내 보임과, 있는 바 행하는 곳과, 있는 바 평등한 흐름과, 있는 바 자성과, 있는 바 없앰과, 있는

소유시현　소유행처　소유등류　소유자
所有示現과 所有行處와 所有等流와 所有自

성　소유제멸　소유출리　여시일체　미불
性과 所有除滅과 所有出離인 如是一切를 靡不

명견
明見이니라

불자　비여무열뇌대용왕궁　유출사하
佛子야 譬如無熱惱大龍王宮에 流出四河호대

무탁무잡　무유구예　광색청정　유여
無濁無雜하며 無有垢穢하야 光色淸淨이 猶如

허공
虛空이니라

기지사면　각유일구　일일구중　유출일
其池四面에 各有一口하야 一一口中에 流出一

바 벗어남인, 이와 같은 일체를 분명하게 보지 못하는 것이 없다.

불자들이여, 비유하면 무열뇌 큰 용왕의 궁전에서 네 개의 강이 흘러나오는데, 탁하지 않고 잡되지 않고 더러움이 없고 빛이 청정함이 마치 허공과 같다.

그 못의 네 면에는 각각 한 개의 어귀가 있고 낱낱 어귀 가운데 강이 하나씩 흘러나온다. 코끼리 어귀에서는 항가강이 흘러나오고, 사자 어귀에서는 사타강이 흘러나오고, 소 어귀에서는 신도강이 흘러나오고, 말 어귀에서

하   어상구중   출항가하   사자구중   출
河호대 於象口中엔 出恒伽河하고 師子口中엔 出

사타하   어우구중   출신도하   어마구
私陀河하고 於牛口中엔 出信度河하고 於馬口

중   출박추하
中엔 出縛芻河하니라

기사대하유출지시   항가하구   유출은사
其四大河流出之時에 恒伽河口엔 流出銀沙하고

사타하구   출금강사   신도하구   유출금
私陀河口엔 出金剛沙하고 信度河口엔 流出金

사   박추하구   출유리사
沙하고 縛芻河口엔 出瑠璃沙하니라

항가하구   작백은색   사타하구   작금강
恒伽河口는 作白銀色하고 私陀河口는 作金剛

색   신도하구   작황금색   박추하구   작
色하고 信度河口는 作黃金色하고 縛芻河口는 作

는 박추강이 흘러나온다.

그 네 개의 큰 강이 흘러나올 때에 항가강 어귀에서는 은모래가 흘러나오고, 사타강 어귀에서는 금강모래가 흘러나오고, 신도강 어귀에서는 금모래가 흘러나오고, 박추강 어귀에서는 유리모래가 흘러나온다.

항가강 어귀는 흰 은빛을 띠고, 사타강 어귀는 금강빛을 띠고, 신도강 어귀는 황금빛을 띠고, 박추강 어귀는 유리빛을 띠며, 낱낱 강의 어귀는 너비가 한 유순이다.

그 네 개의 큰 강이 이미 흘러나와서는 각각 한가지로 큰 못을 일곱 번 둘러싸고 그 방면

유리색　　　일일하구　　광　　일유순
瑠璃色하며 一一河口가 廣이 一由旬이요

기사대하　　기유출이　　각공위요대지칠잡
其四大河가 旣流出已에 各共圍遶大池七帀하야

수기방면　　사향분류　　홍용분치　　입어
隨其方面하야 四向分流호대 湧涌奔馳하야 入於

대해
大海라

기하선요일일지간　　유천보소성우발라화
其河旋遶一一之閒에 有天寶所成優鉢羅華와

파두마화　　구물두화　　분다리화　　기향발
波頭摩華와 拘物頭華와 芬陀利華가 奇香發

월　　묘색청정　　종종화엽　　종종대예　　실
越하고 妙色淸淨하야 種種華葉과 種種臺蘂가 悉

시중보　　자연영철　　함방광명　　호상조
是衆寶라 自然映徹하고 咸放光明하야 互相照

을 따라 사방으로 나뉘어 흐르는데, 큰 물이 솟구치며 빠르게 달려 큰 바다로 들어간다.

그 강들이 둘러 흐르는 낱낱 사이에 하늘 보배로 이루어진 청련화와 홍련화와 황련화와 백련화가 피어 있어, 기이한 향기가 진동하고 미묘한 색이 청정하며, 갖가지 꽃과 잎과 갖가지 받침과 꽃술이 모두 온갖 보배여서 자연히 밝게 사무치며 다 광명을 놓아 서로서로 비추어 나타났다.

그 무열 못의 둘레가 광대함이 오십 유순인데 온갖 보배의 미묘한 모래가 그 바닥에 두루 깔리었고, 갖가지 마니로 꾸몄으며, 한량없

현
現하니라

기무열지　주위광대　　오십유순　　중보묘
其無熱池의 周圍廣大가 五十由旬이요 衆寶妙

사　변포기저　　종종마니　이위엄식　　무
沙가 徧布其底하며 種種摩尼로 以爲嚴飾하며 無

량묘보　장엄기안　　전단묘향　　보산기
量妙寶로 莊嚴其岸하며 栴檀妙香으로 普散其

중
中하니라

우발라화　파두마화　구물두화　분다리화
優鉢羅華와 波頭摩華와 拘物頭華와 芬陀利華와

급여보화　개실변만　　미풍취동　향기원
及餘寶華가 皆悉徧滿하야 微風吹動에 香氣遠

철　화림보수　주잡위요　　일광출시　보
徹하며 華林寶樹가 周帀圍遶하며 日光出時에 普

는 미묘한 보배로 그 언덕을 장엄하였고, 전단의 미묘한 향을 그 가운데 널리 흩었다.

청련화와 홍련화와 황련화와 백련화와 그리고 다른 보배 꽃이 모두 다 두루 가득하여 미풍이 불어도 흔들려 향기가 멀리 퍼지며, 꽃숲과 보배 나무가 두루두루 둘러섰으며, 해가 뜰 때는 널리 다 밝게 비추어 못과 강의 안과 밖에 일체 온갖 물상들이 그림자가 닿고 빛이 이어져서 광명 그물을 이루었다.

이와 같은 온갖 물상들이 멀거나 가깝거나, 높거나 낮거나, 넓거나 좁거나, 굵거나 미세하거나, 내지 지극히 작은 한 알의 모래와 한 점

개 조 명　　　지 하 내 외　　　일 체 중 물　　　접 영 연
皆照明하야　池河內外에　一切衆物이　接影連

휘　　　성 광 명 망
輝하야　成光明網하니라

여 시 중 물　　　약 원 약 근　　　약 고 약 하　　　약 광 약
如是衆物의　若遠若近과　若高若下와　若廣若

협　　　약 추 약 세　　　내 지 극 소　　　일 사 일 진　　　실 시
狹과　若麤若細와　乃至極小한　一沙一塵에　悉是

묘 보　　　광 명 감 철　　　미 불 어 중　　　일 륜 영 현
妙寶가　光明鑒徹하야　靡不於中에　日輪影現하며

역 부 전 전 갱 상 현 영
亦復展轉更相現影하니라

여 시 중 영　　　부 증 불 감　　　비 합 비 산　　　개 여 본
如是衆影이　不增不減이며　非合非散이라　皆如本

질　　　이 득 명 견
質하야　而得明見이니라

의 티끌까지도 모두 미묘한 보배가 광명에 밝게 비치어 그 가운데 해의 영상이 나타나지 않음이 없고 또한 다시 점점 더 서로 영상을 나타낸다.

이와 같은 온갖 영상은 늘지도 않고 줄지도 않으며 합하지도 않고 흩어지지도 아니하여 모두 본바탕대로 분명히 볼 수 있다.

불자 여무열대지 어사구중 유출사하 입
佛子야 如無熱大池가 於四口中에 流出四河하야 入

어대해 보살마하살 역부여시 종
於大海인달하야 菩薩摩訶薩도 亦復如是하야 從

사변재 유출제행 구경입어일체지해
四辯才로 流出諸行하야 究竟入於一切智海니라

여항가대하 종은색상구 유출은사
如恒伽大河가 從銀色象口로 流出銀沙인달하야

보살마하살 역부여시 이의변재 설일
菩薩摩訶薩도 亦復如是하야 以義辯才로 說一

체여래소설일체의문 출생일체청정백
切如來所說一切義門하야 出生一切淸淨白

법 구경입어무애지해
法하야 究竟入於無礙智海니라

여사타대하 종금강색사자구 유출금강
如私陀大河가 從金剛色師子口로 流出金剛

불자들이여, 마치 무열 큰 못이 네 어귀 가운데서 네 개의 강을 흘려내어 큰 바다에 들어가듯이, 보살마하살도 또한 다시 이와 같아서, 네 가지 변재로부터 모든 행을 흘려내어 구경에는 일체 지혜 바다에 들어간다.

마치 항가 큰 강이 은빛 코끼리 어귀에서 은모래를 흘려내듯이, 보살마하살도 또한 다시 이와 같아서, 의변재로 일체 여래께서 설하신 일체 뜻의 문을 설하여 일체 청정한 선한 법을 내어 구경에는 걸림 없는 지혜 바다에 들어간다.

마치 사타 큰 강이 금강빛 사자 어귀로부터 금강모래를 흘려내듯이, 보살마하살도 또한 다시

사　　　　　 보살마하살　　 역부여시　　　 이법변
沙인달하야 菩薩摩訶薩도 亦復如是하야 以法辯

재　 위일체중생　　　 설불금강구　　 인출금
才로 爲一切衆生하야 說佛金剛句하고 引出金

강지　　 구경입어무애지해
剛智하야 究竟入於無礙智海니라

여신도대하　　 종금색우구　　 유출금사
如信度大河가 從金色牛口로 流出金沙인달하야

보살마하살　　 역부여시　　　 이훈사변설　　 수
菩薩摩訶薩도 亦復如是하야 以訓辭辯說로 隨

순세간연기방편　　 개오중생　　　 영개환희
順世間緣起方便하야 開悟衆生하야 令皆歡喜

조복성숙　　　 구경입어연기방편해
調伏成熟하야 究竟入於緣起方便海라

여박추대하　　 어유리색마구　　 유출유리
如縛芻大河가 於瑠璃色馬口에 流出瑠璃

이와 같아서, 법변재로 일체 중생을 위하여 부처님의 금강 글귀를 설하여 금강 지혜를 끌어내고 구경에는 걸림 없는 지혜 바다에 들어간다.

마치 신도 큰 강이 금빛 소 어귀에서 금모래를 흘려내듯이, 보살마하살도 또한 다시 이와 같아서, 가르치는 사변재로 세간의 인연으로 일어나는 방편을 따라 중생들을 깨우쳐 모두 환희케 하며 조복시키고 성숙케 하여 구경에는 인연으로 일어나는 방편 바다에 들어가게 한다.

마치 박추 큰 강이 유리빛 말 어귀에서 유리모래를 흘려내듯이, 보살마하살도 또한 다시 이와 같아서, 다함없는 변재로 백천억 나유타

사 　　　　보살마하살 　　역부여시 　　　이무진
沙 인달하야 菩薩摩訶薩 도 亦復如是 하야 以無盡

변 　　우백천억나유타불가설법 　　영기문
辯 으로 雨百千億那由他不可說法 하야 令其聞

자 　개득윤흡 　　구경입어제불법해
者 로 皆得潤洽 하야 究竟入於諸佛法海 니라

여사대하 　　수순위요무열지이 　　사방입
如四大河 가 隨順圍遶無熱池已 에 四方入

해 　　　　보살마하살 　　역부여시 　　성취수
海 인달하야 菩薩摩訶薩 도 亦復如是 하야 成就隨

순신업 　수순어업 　수순의업 　　성취지위
順身業 과 隨順語業 과 隨順意業 하며 成就智爲

전도신업 　　지위전도어업 　　지위전도의
前導身業 과 智爲前導語業 과 智爲前導意

업 　사방유주 　구경입어일체지해
業 하야 四方流注 하야 究竟入於一切智海 니라

말할 수 없는 법을 비내려 그 듣는 자로 하여금 모두 윤택케 하여 구경에는 모든 부처님 법바다에 들어가게 한다.

마치 네 개의 큰 강이 무열 못을 따라 둘러싸고는 사방으로 바다에 들어가듯이, 보살마하살도 또한 다시 이와 같아서, 몸의 업을 수순함과 말의 업을 수순함과 뜻의 업을 수순함을 성취하고, 지혜가 앞에서 인도하는 몸의 업과 지혜가 앞에서 인도하는 말의 업과 지혜가 앞에서 인도하는 뜻의 업을 성취하여 사방으로 흐르다가 구경에는 일체 지혜 바다에 들어간다.

불자들이여, 무엇을 보살의 사방이라 이름하

불자   하자   명위보살사방
佛子야 何者가 名爲菩薩四方고

불자   소위견일체불   이득개오   문일
佛子야 所謂見一切佛하고 而得開悟하며 聞一

체법   수지불망   원만일체바라밀행
切法하고 受持不忘하며 圓滿一切波羅蜜行하며

대비설법   만족중생
大悲說法하야 滿足衆生이니라

여사대하   위요대지   어기중간   우발라
如四大河가 圍遶大池어든 於其中間에 優鉢羅

화   파두마화   구물두화   분다리화   개실
華와 波頭摩華와 拘物頭華와 芬陀利華가 皆悉

변만   보살마하살   역부여시   어보
徧滿인달하야 菩薩摩訶薩도 亦復如是하야 於菩

리심중간   불사중생   설법조복   실령
提心中間에 不捨衆生하고 說法調伏하야 悉令

는가?

불자들이여, 이른바 일체 부처님을 친견하고 깨침을 얻으며, 일체 법을 듣고 받아 지니어 잊지 아니하며, 일체 바라밀행을 원만히 하며, 대비로 법을 설하여 중생들을 만족케 함이다.

마치 네 개의 큰 강이 큰 못을 둘러 흐르는데, 그 중간에 청련화와 홍련화와 황련화와 백련화가 모두 다 두루 가득하듯이, 보살마하살도 또한 다시 이와 같아서, 보리심의 중간에서 중생을 버리지 아니하고 법을 설하여 조복시켜 한량없는 삼매를 모두 원만케 하여 부처님 국토의 장엄이 청정함을 보게 한다.

원만무량삼매　　　　견불국토장엄청정
圓滿無量三昧하야 見佛國土莊嚴淸淨이니라

여무열대지　　　보수위요　　　　보살마하살
如無熱大池에 寶樹圍遶인달하야 菩薩摩訶薩도

역부여시　　　현불국토장엄위요　　　영제중
亦復如是하야 現佛國土莊嚴圍遶하야 令諸衆

생　　취향보리
生으로 趣向菩提니라

여무열대지　　기중종광　　　오십유순　　　청정
如無熱大池가 其中縱廣이 五十由旬이요 淸淨

무탁　　　　보살마하살　　역부여시　　　보리
無濁인달하야 菩薩摩訶薩도 亦復如是하야 菩提

지심　　기량무변　　　선근충만　　　청정무
之心이 其量無邊하야 善根充滿하야 淸淨無

탁
濁이니라

마치 무열 큰 못에 보배 나무가 둘러섰듯이, 보살마하살도 또한 다시 이와 같아서, 부처님 국토에 장엄이 둘러 있는 것을 나타내어 모든 중생들로 하여금 보리에 나아가게 한다.

마치 무열 큰 못이 그 가운데 길이와 너비가 오십 유순이고 청정하여 혼탁함이 없듯이, 보살마하살도 또한 다시 이와 같아서, 보리의 마음이 그 양이 가없으며 선근이 가득하여 청정하고 혼탁함이 없다.

마치 무열 큰 못이 한량없는 보배로 그 언덕을 장엄하고 전단향을 흩어 그 가운데 두루 가득하듯이, 보살마하살도 또한 다시 이와 같

여무열대지　　이무량보　　장엄기안　　산전
如無熱大池가　以無量寶로　莊嚴其岸하고　散栴

단향　　　변만기중　　　보살마하살　　역부
檀香하야　偏滿其中인달하야　菩薩摩訶薩도　亦復

여시　　이백천억십종지보　　엄보리심대원
如是하야　以百千億十種智寶로　嚴菩提心大願

지안　　　보산일체중선묘향
之岸하야　普散一切衆善妙香이니라

여무열대지　　저포금사　　종종마니　　간착
如無熱大池가　底布金沙하고　種種摩尼로　閒錯

장엄　　　보살마하살　　역부여시　　미묘
莊嚴인달하야　菩薩摩訶薩도　亦復如是하야　微妙

지혜　　주변관찰　　불가사의보살해탈종
智慧로　周徧觀察하며　不可思議菩薩解脫種

종법보　　간착장엄　　득일체법무애광명
種法寶로　閒錯莊嚴하며　得一切法無礙光明하며

아서, 백천억의 열 가지 지혜 보배로 보리심의 큰 서원의 언덕을 장엄하고, 일체 온갖 훌륭하고 미묘한 향을 널리 흩날린다.

마치 무열 큰 못이 바닥에는 금모래가 깔렸고 갖가지 마니로 사이사이를 장엄하였듯이, 보살마하살도 또한 다시 이와 같아서, 미묘한 지혜로 두루 관찰하며, 불가사의한 보살의 해탈인 갖가지 법의 보배로 사이사이를 장엄하고, 일체 법에 걸림 없는 광명을 얻으며, 일체 모든 부처님께서 머무르시는 곳에 머무르고, 일체 매우 깊은 방편에 들어간다.

마치 아나바달다 용왕이 용들 중에 있는 바

주어일체제불소주　입어일체심심방
住於一切諸佛所住하며　入於一切甚深方

편
便이니라

여아나바달다용왕　영리용중　소유열
如阿那婆達多龍王이　永離龍中의　所有熱

뇌　보살마하살　역부여시　영리일
惱인달하야　菩薩摩訶薩도　亦復如是하야　永離一

체세간우뇌　수현수생　이무염착
切世間憂惱하야　雖現受生이나　而無染著이니라

여사대하　윤택일체염부제지　기윤택
如四大河가　潤澤一切閻浮提地하고　旣潤澤

이　입어대해　보살마하살　역부여
已에　入於大海인달하야　菩薩摩訶薩도　亦復如

시　이사지하　윤택천인사문바라문
是하야　以四智河로　潤澤天人沙門婆羅門하야

뜨거운 번뇌를 길이 여의었듯이, 보살마하살도 또한 다시 이와 같아서, 일체 세간의 근심과 번뇌를 길이 여의어서 비록 태어남을 나타내지만 물들어 집착하지 않는다.

마치 네 개의 큰 강이 일체 염부제의 땅을 윤택하게 하고 이미 윤택하게 하고는 큰 바다에 들어가듯이, 보살마하살도 또한 다시 이와 같아서, 네 가지 지혜의 강으로 천신과 인간과 사문과 바라문을 윤택하게 하고는 그들로 하여금 아뇩다라삼먁삼보리의 지혜의 큰 바다에 널리 들게 하며, 열 가지 힘으로 장엄한다.

무엇이 넷인가?

영기보입아뇩다라삼먁삼보리지혜대해
令其普入阿耨多羅三藐三菩提智慧大海하야

이십종력 이위장엄
以十種力으로 **而爲莊嚴**하나니라

하자 위사
何者가 **爲四**오

일자 원지하 구호조복일체중생 상불
一者는 **願智河**니 **救護調伏一切眾生**하야 **常不**

휴식
休息이요

이자 바라밀지하 수보리행 요익중
二者는 **波羅蜜智河**니 **修菩提行**하야 **饒益眾**

생 거래금세 상속무진 구경입어제
生하야 **去來今世**에 **相續無盡**하야 **究竟入於諸**

불지해
佛智海요

하나는 서원 지혜 강이니 일체 중생을 구호하고 조복하여 항상 쉬지 아니함이다.

둘은 바라밀 지혜 강이니 보리의 행을 닦아 중생을 이익하게 하여 과거와 미래와 지금의 세상에 상속하여 다함이 없어서 구경에 모든 부처님의 지혜 바다에 들어감이다.

셋은 보살 삼매 지혜 강이니 수없는 삼매로 장엄하여 일체 부처님을 친견하고 모든 부처님 바다에 들어감이다.

넷은 대비 지혜 강이니 대자로 자재하게 중생들을 널리 구원하되 방편으로 거두어서 쉬지 아니하며, 비밀한 공덕의 문을 수행하여 구

삼자　　보살삼매지하　　무수삼매　　이위장
三者는 菩薩三昧智河니 無數三昧로 以爲莊

엄　　　견일체불　　입제불해
嚴하야 見一切佛하고 入諸佛海요

사자　　대비지하　　대자자재　　보구중생
四者는 大悲智河니 大慈自在하야 普救衆生호대

방편섭취　　　무유휴식　　　수행비밀공덕지
方便攝取하야 無有休息하며 修行祕密功德之

문　　구경입어십력대해
門하야 究竟入於十力大海니라

여사대하　　종무열지　　기유출이　　구경무
如四大河가 從無熱池로 旣流出已에 究竟無

진　　입어대해　　　보살마하살　　역부여
盡하야 入於大海인달하야 菩薩摩訶薩도 亦復如

시　　이대원력　　　수보살행　　자재지견
是하야 以大願力으로 修菩薩行하야 自在知見이

경에 열 가지 힘의 큰 바다에 들어감이다.

마치 네 개의 큰 강이 무열 못으로부터 이미 흘러나와서 구경에 다함이 없어 큰 바다에 들어가듯이, 보살마하살도 또한 다시 이와 같아서, 큰 원력으로 보살행을 닦아 자재한 지견이 끝까지 다함이 없어 구경에는 일체 지혜 바다에 들어간다.

마치 네 개의 큰 강이 큰 바다에 들어가는 것을 능히 방해하여 들어가지 못하게 할 자가 없듯이, 보살마하살도 또한 다시 이와 같아서, 항상 보현의 행과 원을 부지런히 닦아 익혀서 일체 지혜의 광명을 성취하고 일체 부처님의 보리법에

무유궁진　　　구경입어일체지해
無有窮盡하야　究竟入於一切智海니라

여사대하　　입어대해　　무능위애　　영불입
如四大河가　入於大海에　無能爲礙하야　令不入

자　　　　　보살마하살　　역부여시　　상근수
者인달하야　菩薩摩訶薩도　亦復如是하야　常勤修

습보현행원　　　성취일체지혜광명　　주어
習普賢行願하야　成就一切智慧光明하며　住於

일체불보리법　　입여래지　　무유장애
一切佛菩提法하야　入如來智호대　無有障礙니라

여사대하　분류입해　　경어누겁　　역무피
如四大河가　奔流入海에　經於累劫호대　亦無疲

염　　　　　보살마하살　　역부여시　　이보현
厭인달하야　菩薩摩訶薩도　亦復如是하야　以普賢

행원　　　진미래겁　　　수보살행　　입여래
行願으로　盡未來劫토록　修菩薩行하야　入如來

머물러서 여래의 지혜에 들어감에 장애가 없다.

마치 네 개의 큰 강이 흘러 바다에 들어가 여러 겁을 지내되 또한 피로해하거나 싫어함이 없듯이, 보살마하살도 또한 다시 이와 같아서, 보현의 행과 원으로 미래 겁이 다하도록 보살의 행을 닦아서 여래의 바다에 들어가되 피로해하거나 싫어함을 내지 아니한다.

불자들이여, 마치 해가 뜰 때에 무열 못 가운데 금모래와 은모래와 금강모래와 유리모래와 그리고 나머지 일체 갖가지 보물에 모두 해의 영상이 그 가운데 나타나고, 그 금모래 등 일체 보물도 또한 각각 점점 더 그 영상이 나타

해　　　불생피염
海호대 不生疲厭이니라

불자　　여일광출시　　　무열지중금사은사금
佛子야 如日光出時에 無熱池中金沙銀沙金

강사유리사　　　급여일체종종보물　　　개유일
剛沙瑠璃沙와 及餘一切種種寶物에 皆有日

영　　어중현현　　　기금사등일체보물　　　역각
影이 於中顯現하며 其金沙等一切寶物도 亦各

전전이현기영　　　호상감철　　　무소방애
展轉而現其影하야 互相鑒徹하야 無所妨礙인달하야

보살마하살　　　역부여시　　　주차삼매　　　어자
菩薩摩訶薩도 亦復如是하야 住此三昧에 於自

신일일모공중　　　실견불가설불가설불찰미
身一一毛孔中에 悉見不可說不可說佛刹微

진수제불여래
塵數諸佛如來하니라

나서 서로서로 사무쳐 비치어도 방해하는 바가 없듯이, 보살마하살도 또한 다시 이와 같아서, 이 삼매에 머무르면 자신의 낱낱 모공마다 모두 말할 수 없이 말할 수 없는 부처님 세계의 미진수 모든 부처님 여래를 친견하게 된다.

또한 그 부처님의 있는 바 국토와 도량에 모인 대중들을 보며, 낱낱 부처님 처소에서 법을 듣고 받아 지니고 믿고 이해하고 공양올리되, 각각 말할 수 없이 말할 수 없는 억 나유타 겁을 지내더라도 시절의 길고 짧음을 생각하지 아니하고, 그 모든 모인 대중들도 또한 비좁지 아니하다.

역견피불소유국토도량중회　　일일불소
亦見彼佛所有國土道場衆會_{하야}　一一佛所_에

청법수지　　신해공양　　각경불가설불가
聽法受持_{하고}　信解供養_{하야}　各經不可說不可

설억나유타겁　　이불상념시절장단　　기
說億那由他劫_{호대}　而不想念時節長短_{하며}　其

제중회　역무박애
諸衆會_도　亦無迫隘_{하나니라}

하이고
何以故_오

이미묘심　　입무변법계고　　입무등차별업
以微妙心_{으로}　入無邊法界故_며　入無等差別業

과고　　입부사의삼매경계고　　입부사의사
果故_며　入不思議三昧境界故_며　入不思議思

유경계고　　입일체불자재경계고
惟境界故_며　入一切佛自在境界故_{니라}

무슨 까닭인가?

미묘한 마음으로 가없는 법계에 들어가는 까닭이며, 같음이 없는 차별한 업과 과보에 들어가는 까닭이며, 부사의한 삼매 경계에 들어가는 까닭이며, 부사의한 사유의 경계에 들어가는 까닭이며, 일체 부처님의 자재한 경계에 들어가는 까닭이다.

일체 부처님의 호념하심을 얻는 까닭이며, 일체 부처님의 큰 신통 변화를 얻는 까닭이며, 모든 여래의 얻기 어렵고 알기 어려운 열 가지 힘을 얻는 까닭이며, 보현 보살의 행이 원만한 경계에 들어가는 까닭이며, 일체 부처님의 노

득일체불소호념고　　득일체불대신변고
得一切佛所護念故_며　得一切佛大神變故_며

득제여래난득난지십종력고　　입보현보살
得諸如來難得難知十種力故_며　入普賢菩薩

행원만경계고　　득일체불무노권신통력고
行圓滿境界故_며　得一切佛無勞倦神通力故_{니라}

불자　　보살마하살　　수능어정　　일념입출
佛子_야　菩薩摩訶薩_이　雖能於定_에　一念入出_{이나}

이역불폐장시재정　　역무소착　　수어경
而亦不廢長時在定_{하고}　亦無所著_{하며}　雖於境

계　　무소의주　　이역불사일체소연
界_에　無所依住_나　而亦不捨一切所緣_{하나라}

수선입찰나제　　이위이익일체중생　　현불
雖善入刹那際_나　而爲利益一切衆生_{하야}　現佛

곤함이 없는 신통력을 얻는 까닭이다.

불자들이여, 보살마하살이 비록 능히 정에 잠깐 동안 들어가고 나오지만 또한 오랜 시간 정에 있는 것을 폐하지도 않고 또한 집착하지도 않으며, 비록 경계에 의지하여 머무르는 바도 없지만 또한 일체 반연하는 바를 버리지도 않는다.

비록 찰나의 경계에 잘 들어가지만 일체 중생을 이익하게 하기 위하여 부처님의 신통을 나타내는 것을 만족해 싫어함이 없으며, 비록 법계에 평등하게 들어가지만 그 끝을 얻지 못한다.

비록 머무르는 바도 없고 처소도 없지만 일체

신통　　무유염족　　수등입법계　이불득
神通하야 無有厭足하며 雖等入法界나 而不得

기변
其邊하니라

수무소주무유처소　　이항취입일체지도　　이
雖無所住無有處所나 而恒趣入一切智道하야 以

변화력　　보입무량중생중중　　구족장
變化力으로 普入無量衆生衆中하야 具足莊

엄일체세계　　수리세간전도분별　　초
嚴一切世界하며 雖離世閒顚倒分別하야 超

과일체분별지지　　역불사어종종제상
過一切分別之地나 亦不捨於種種諸相하니라

수능구족방편선교　　이구경청정　　수불분
雖能具足方便善巧나 而究竟淸淨하며 雖不分

별보살제지　　이개이선입
別菩薩諸地나 而皆已善入하나니라

지혜의 길에 항상 들어가 변화하는 힘으로 한량없는 중생들 가운데 널리 들어가서 일체 세계를 구족하게 장엄하며, 비록 세간의 전도된 분별을 여의어 일체 분별하는 지위를 뛰어넘었지만 또한 갖가지 모든 모양을 버리지도 않는다.

비록 능히 방편의 교묘함을 구족하였으나 구경까지 청정하며, 비록 보살의 모든 지위를 분별하지 않으나 모두 이미 잘 들어갔다.

불자들이여, 비유하면 허공이 비록 능히 일체 모든 물상을 수용하지만 있고 없음을 여의었듯이, 보살마하살도 또한 다시 이와 같아서, 비록 일체 세간에 널리 들어가지만 세간이라

불자　　　비여허공　　　수능용수일체제물　　　　이
佛子야 譬如虛空이 雖能容受一切諸物이나 而

리유무　　　　보살마하살　　　역부여시　　　수
離有無인달하야 菩薩摩訶薩도 亦復如是하야 雖

보입일체세간　　　이리세간상　　　수근도일
普入一切世間이나 而離世間想하며 雖勤度一

체중생　　　이리중생상
切衆生이나 而離衆生想하나라

수심지일체법　　　이리제법상　　　수락견일
雖深知一切法이나 而離諸法想하며 雖樂見一

체불　　이리제불상　　　수선입종종삼매
切佛이나 而離諸佛想하며 雖善入種種三昧나

이지일체법자성개여　　　무소염착
而知一切法自性皆如하야 無所染著하나라

수이무변변재　　연무진법구　　이심항주이
雖以無邊辯才로 演無盡法句나 而心恒住離

는 생각을 여의었으며, 비록 일체 중생을 부지

런히 제도하지만 중생이라는 생각을 여의었다.

비록 일체 법을 깊이 알지만 모든 법이라는

생각을 여의었으며, 비록 일체 부처님 친견하

기를 즐겨하지만 모든 부처님이라는 생각을 여

의었으며, 비록 갖가지 삼매에 잘 들어가지만

일체 법의 자성이 모두 여여하여 물들어 집착

하는 바가 없는 줄을 안다.

비록 가없는 변재로 다함없는 법구를 펴지만

마음은 항상 문자를 떠난 법에 머무르며, 비

록 말이 없는 법을 관찰하기를 즐겨하지만 청

정한 음성을 항상 나타내 보이며, 비록 일체

문자법　　수락관찰무언설법　　이항시현
文字法하며　雖樂觀察無言說法이나　而恒示現

청정음성　　수주일체이언법제　　이항시현
淸淨音聲하며　雖住一切離言法際나　而恒示現

종종색상
種種色相하니라

수교화중생　　이지일체법필경성공　　수
雖敎化衆生이나　而知一切法畢竟性空하며　雖

근수대비　　도탈중생　　이지중생계　　무
勤修大悲하야　度脫衆生이나　而知衆生界가　無

진무산　　수요달법계　　상주불변　　이이
盡無散하며　雖了達法界가　常住不變이나　而以

삼륜　　조복중생　　항불휴식
三輪으로　調伏衆生하야　恒不休息하니라

수상안주여래소주　　이지혜청정　　심무포
雖常安住如來所住나　而智慧淸淨하야　心無怖

말을 떠난 법의 경계에 머무르지만 갖가지 색
상을 항상 나타내 보인다.

비록 중생들을 교화하지만 일체 법이 끝까지
성품이 공한 줄을 알며, 비록 부지런히 대비
를 닦아 중생들을 제도하여 해탈시키지만 중
생세계가 다함도 없고 흩어짐도 없는 줄을 알
며, 비록 법계가 항상 머물러 변하지 않음을
밝게 통달하지만 삼륜으로 중생을 조복시키기
를 항상 쉬지 않는다.

비록 여래의 머무르신 바에 항상 편안히 머
무르지만 지혜가 청정하여 마음에 두려움이
없고 갖가지 모든 법을 분별하고 연설하여 법

외   분별연설종종제법   전어법륜   상
畏하고 分別演說種種諸法하야 轉於法輪하야 常

불휴식
不休息이니라

불자   시위보살마하살   제구법계자재대
佛子야 是爲菩薩摩訶薩의 第九法界自在大

삼매선교지
三昧善巧智니라

〈大方廣佛華嚴經 卷第四十二〉

륜을 굴리기를 항상 쉬지 않는다.

　불자들이여, 이것이 보살마하살의 아홉째 '법계에 자재한 큰 삼매의 선교 지혜'이다."

〈대방광불화엄경 제42권〉

大方廣佛華嚴經

부록

·

대방광불화엄경 목차

·

간행사

대방광불화엄경
목차

간 행 사

　귀의삼보 하옵고,

　『대방광불화엄경』의 수지 독송과 유통을 발원하면서 수미정사 불전연구원에서 『독송본 한문·한글역 대방광불화엄경』과 『사경본 한글역 대방광불화엄경』을 편찬하여 간행하게 되었습니다.

　『화엄경』은 우리나라에 전래된 이래 일찍부터 사경되고 주석·강설되어 왔으며 근현대에 이르러서는 『화엄경』의 한글 번역과 연구도 부쩍 많이 이루어졌습니다. 그만큼 『화엄경』이 우리 불자님들의 신행과 해탈에 큰 의지처가 되었던 것임을 알 수 있습니다.

　『화엄경』을 독송하고 사경하는 공덕은 설법 공덕과 함께 크게 강조되어 왔습니다. 그리하여 수미정사 불전연구원에서도 『화엄경』(80권)을 독송하고 사경하는 데 도움이 되도록 한문 원문과 한글역을 함께 수록한 독송본과 한글역의 사경본 『화엄경』 간행불사를 발원하였습니다. 이 『화엄경』 간행불사에 뜻을 같이하여 적극 후원해주신 스님들과 재가 불자님들께 깊이 감사드립니다. 또한 『화엄경』을 수지 독송할 수 있도록 경책의 모습으로 장엄해 주신 편집위원들과 담앤북스 출판사 관계자들께도 고마움을 표합니다.

　끝으로 이 불사의 원만 회향으로 『화엄경』이 널리 유통되고, 온 법계에 부처님의 가피가 충만하시길 기원드립니다.

　나무 대방광불화엄경

불기 2564년 '부처님오신날'을 봉축하며
수미해주 합장

위태천신(동진보살)

수미해주 須彌海住

호거산 운문사에서 성관 스님을 은사로 출가, 석암 대화상을 계사로 사미니계 수계, 월하 전계사를 계사로 비구니계 수계, 계룡산 동학사 전문강원 졸업, 동국대학교 불교대학 및 동 대학원 졸업, 철학박사, 가산지관 대종사에게서 전강, 동국대학교 불교대학 교수, 동학승가대학 학장 및 화엄학림 학림장, 중앙승가대학교 법인이사 역임.
(현) 수미정사 주지, 동국대학교 명예교수.
저·역서로 『의상화엄사상사연구』, 『화엄의 세계』, 『정선 원효』, 『정선 화엄1』, 『정선 지눌』, 『법계도기 총수록』, 『해주스님의 법성게 강설』 등 다수.

독송본 한문·한글역
대방광불화엄경 제42권

| 초판 1쇄 발행_ 2024년 3월 24일

| 엮은이_ 수미해주
| 엮은곳_ 수미정사 불전연구원
| 편집위원_ 해주 수정 경진 선초 정천 석도 박보람 최원섭
| 편집보_ 무이 무진 지욱 혜명

| 펴낸이_ 오세룡
| 펴낸곳_ 담앤북스
　　　　　서울특별시 종로구 새문안로3길 23 경희궁의 아침 4단지 805호
　　　　　대표전화 02)765-1251　전자우편 dhamenbooks@naver.com
　　　　　출판등록 제300-2011-115호
| ISBN_ 979-11-6201-827-9　04220